Das Buch

Nach dem großen Erfolg des Nr.1-Bestsellers *Verschieben Sie die Deutscharbeit – mein Sohn hat Geburtstag* legen Lena Greiner und Carola Padtberg nach: Im vorliegenden Band versammeln die SPIEGEL-ONLINE-Redakteurinnen erneut verrückte Episoden und unglaubliche Geschichten über Helikopter-Eltern und ihren stolzen Nachwuchs. Aber Vorsicht: Dieses Buch ist kein Erziehungsratgeber und kein pädagogisches Plädoyer gegen Förderwahn, sondern ein schonungsloser Frontbericht aus dem Familienleben. Eltern, Kinder, Hebammen, Erzieher, Lehrer, Trainer und Polizisten packen aus, was sie mit übermotivierten Eltern erlebt haben. Atemberaubend grotesk – und leider wahr.

Die Autoren

Lena Greiner, geboren 1981 in Hamburg, studierte Politikwissenschaft und Internationale Beziehungen in Hamburg, Berlin und Washington, D.C. Seit 2013 ist sie Redakteurin bei SPIEGEL ONLINE und leitet dort das Ressort Leben und Lernen.
Carola Padtberg, geboren 1976 im Rheinland, studierte Englische Literatur und Politik in Bonn und London. Sie volontierte bei ZEIT Online und ist seit 2005 Redakteurin bei SPIEGEL ONLINE, aktuell im Ressort Kultur. Die Mutter von drei Kindern lebt und arbeitet in Hamburg.

Lena Greiner /
Carola Padtberg

Ich muss mit auf Klassenfahrt – meine Tochter kann sonst nicht schlafen

Neue unglaubliche Geschichten
über Helikopter-Eltern

Mit Cartoons von
Hauck & Bauer

Ullstein

Besuchen Sie uns im Internet:
www.ullstein-buchverlage.de

Hinweis der Autorinnen:

Rechtschreib-, Grammatik- und Zeichensetzungsfehler in den Anekdoten wurden von uns korrigiert. Die meisten Gesprächspartner baten um strikte Anonymität; wenn Namen vorkommen, haben wir diese geändert. Um Geschlechterstereotype so weit wie möglich zu umgehen, verwenden wir das generische Maskulinum. Begriffe wie »Erzieher«, »Schüler« und »Lehrer« stehen also für Personen beider Geschlechter.

MIX
Papier aus verantwortungsvollen Quellen
FSC
www.fsc.org
FSC® C083411

Originalausgabe im Ullstein Taschenbuch
1. Auflage September 2018
2. Auflage September 2018
© Ullstein Buchverlage GmbH, Berlin 2018
In Kooperation mit SPIEGEL ONLINE, Hamburg
Umschlaggestaltung: zero-media.net, München
Titelabbildung: © FinePic®, München
Satz: KompetenzCenter, Mönchengladbach
Gesetzt aus der ITC Berkeley Oldstyle
Druck und Bindearbeiten: CPI books GmbH, Leck
ISBN 978-3-548-37794-0

Inhaltsverzeichnis

Einleitung

Rohe Eier im Haar und Überschwemmung im Wohnzimmer, allein durch die Stadt stromern, sich Polizisten oder dem Fräulein Prusseliese widersetzen: Das sind die Abenteuer eines neun Jahre alten, mutigen Mädchens, das seit Jahrzehnten weltweit geliebt wird. Aber eigentlich ist Pippi Langstrumpf, die es mit allen Erwachsenen aufnimmt und niemals groß werden will, ein verwahrlostes Kind, das allein und ohne Schulbildung, dafür aber mit Affe und Pferd aufwächst. Wie konnte so ein Mädchen zur Heldin ganzer Generationen von Kindern werden?

Auch Michel aus Lönneberga ist sehr oft allein. Er kann nur so viel Unfug machen, weil er beinahe ständig unbeobachtet ist. Und die Kinderbuch-Heldin Seeräuber-Moses erlebt große Abenteuer – natürlich nicht mit ihren Eltern, sondern als Findelkind auf einem Piratenschiff.

Ob alt oder neu: Es sind romantische Geschichten über Freiheit, die viele Eltern ihren Kindern kurz vor dem Schlafengehen servieren – und das, nachdem sie sie den ganzen Tag herumkutschiert, observiert und verhätschelt haben. Abenteuer und Risiko, eigene Entscheidungen, kleine Regelverletzungen und Geheimnisse haben heutzutage in der Kindheit kaum mehr Platz.

Stattdessen sind Eltern unterwegs, die einen ganz bestimmten Auftrag verspüren: Ihre Kinder bis zum (eigenen) Umfallen zu verwöhnen, zu fördern und zu kontrollieren. Nichts fällt diesen Helikopter-Eltern schwerer, als ihre Kinder mal in Ruhe zu lassen. Permanent kreisen sie über ihrem Nachwuchs – jederzeit bereit, zu landen und zu helfen. Immerzu funken sie dazwischen und mischen sich in alles ein. Wie fast alle Eltern meinen sie es natürlich gut. Aber einige überspannen die Überfürsorge bis zur Groteske. Genau von diesen Übertreibungen handeln die gesammelten Anekdoten in diesem Buch.

Wussten Sie, dass einige Mütter ihre Föten per Vaginalsonde mit klassischer Musik beschallen? Andere stillen übrigens nur nackt, weil der Säugling das vermeintlich so liebt. Väter überwachen Kleinkinder mithilfe von Kameras und Schulkinder über GPS-Peilsender, sie tragen Schulranzen wie Packesel und verfolgen den Nachwuchs bis ins Landschulheim. Steht ein Mann mit Handy in der Straße der Schule, wird die Polizei gerufen, und wenn das Kind sich mal stößt, muss – ernsthaft – ein Rettungshubschrauber anrücken. Auch in der Freizeit nimmt der Kontroll- und Überbehütungswahn kein Ende, da trudeln dann nachts bei 25 Eltern diverse WhatsApp-Nachrichten ein, weil Louisa ihr Freundebuch nicht finden kann.

Solche Auswüchse im Wettstreit um die perfekte Elternschaft und Kindheit sind jedoch nicht nur absurd-komisch, sondern bewirken oft sogar das Gegenteil von gut. So zeigte kürzlich eine Studie der Universität Minnesota, dass kontrollwütige Eltern durch ihr Verhalten die Entwicklung ihrer Kinder hemmen. Acht Jahre lang begleiteten Forscher eine Gruppe von Kindern und stellten fest: Die Nachkommen von Helikopter-Eltern können ihre Gefühle und Impulse weniger gut regulieren. Sie kommen mit Frust, Enttäuschung, Angst oder Neid deutlich schlechter klar, weil ihre Eltern ständig versuchen, negative Empfindungen im Vorfeld abzuwenden, anstatt ihnen den Umgang damit beizubringen. Das Ergebnis der Studie lautet in klaren Worten: Man sollte die Kinder ihre eigenen Erfahrungen machen lassen.

Eine sympathische Vorstellung – aber es klingt wohl leichter, als es ist. Selbst Eltern, die von sich sagen, keine Helikopter zu sein – entweder aus Überzeugung oder weil sie es sich zeitlich schlicht nicht erlauben können –, fühlen sich unter Druck. Eine genervte Mutter schrieb: »Schon die Kinder allein zur Schule gehen oder fahren zu lassen wird von den Helikopter-Eltern in meiner Umgebung als Zeichen interpretiert, dass man seine Kinder nicht liebt. Stattdessen tanzen sie noch in der vierten Klasse jedes Mal beim Lehrer an, wenn das Kind nicht den Sitznachbarn hat, den sie sich vorstellen.«

Eine Helikopter-Mutter lässt diese Haltung sogar ganz unverblümt raushängen, wie eine Leserin berichtet: »Sie sitzt jeden Morgen mit ihrem vierjährigen Sohn in der Kita rum, meist im Flur beim Bällebad. Die anderen Kinder frühstücken zusammen in der Gruppe, dieser Junge nicht: Er sitzt bei seiner Mutter, bis diese ihn irgendwann endlich ziehen lässt. Auch beim Abholen am Nachmittag ist sie natürlich schon eine Stunde früher da. Einmal fragte der

Sohn sogar etwas genervt: ›Mama, warum bist du immer hier?‹ Ihre Antwort: ›Weil wir dich lieber haben als andere Eltern ihre Kinder.‹«

Ja, manchmal ist es so schräg, dass es schon wieder witzig ist. So wie die Geschichten, die wir im ersten Band »Verschieben Sie die Deutscharbeit – mein Sohn hat Geburtstag!« über Helikopter-Eltern erzählt haben. »Ich habe das Buch zu Weihnachten geschenkt bekommen und fühle mich sooo verstanden, seit ich es gelesen habe!«, schrieb eine Leserin nach der Lektüre. Und eine Erzieherin berichtete, sie habe das Buch »regelrecht verschlungen« und viele Eltern aus ihrer Kita wiedererkannt.

Und viele von Ihnen, liebe Leserinnen und Leser, haben sich nicht nur verstanden gefühlt, sondern uns Hunderte neue witzige und unglaubliche Anekdoten über Helikopter-Eltern zugetragen. Von Hebammen, Erziehern, Lehrern, Ärzten, Sporttrainern, Polizisten, Rettungssanitätern und Supermarktmitarbeitern, die einfach nur ihre Arbeit machen wollen – und stattdessen beinahe täglich mit solchen Kampfhubschraubern zusammenstoßen. Die besten dieser Berichte lesen Sie auf den folgenden Seiten.

Wir wünschen Ihnen viel Spaß. Und denken Sie daran: Die Kinder einfach mal machen lassen!

Volle Kontrolle
trotz Keimphobie:
Schwangerschaft und Geburt

Eine Schwangerschaft ist ein Wunder. Wie aus einem kleinen Zellhaufen in nur 40 Wochen ein richtiger Mensch wird, ist beeindruckend. Wer bekäme da nicht großen Respekt vor der Biologie, der menschlichen Fortpflanzung, ach, Mutter Natur überhaupt? Jedoch: Es gibt noch eine zweite **höchst erstaunliche Metamorphose** während mancher Schwangerschaft – nämlich die der Eltern. Aufgeklärte, tolerante und mutige Menschen mutieren zu übervorsichtigen Dogmatikern, die schon beim Gedanken an die bevorstehende Geburt so ängstlich werden, dass sie ohne medizinischen Grund einen Kaiserschnitt einfordern. Sie besorgen sich Krankschreibungen von den Ärzten, misstrauen der Hebamme und dokumentieren Wehen in Excel-Tabellen. Gleichzeitig füttern sie das Kind schon im Mutterleib mit Frühförderung – etwa per Vaginalsonde. Und so werden spätestens mit der Entbindung des kleinen Wesens immer öfter auch zwei neue Helikopter geboren.

Natürlich will man diese neue Aufgabe, die vielleicht eine der wichtigsten im Leben ist, unbedingt gut erfüllen und dem

Kind auf keinen Fall schaden. Alles soll gut und schön sein. Doch müssen Babys mit Sensormatten und Kameras überwacht werden? Müssen andere Menschen aus dem Raum gewiesen werden, damit die Mutter beim Nacktstillen das Bonding zur Vollendung bringen kann? Müssen Eltern alles aushalten, bis hin zu Thrombosen, Wunden und dem Verlust des sozialen Umfelds, weil ein Baby das angeblich braucht? Aber lesen Sie selbst.

Schwanger?
Sofort in Quarantäne!

Werdende Helikopter-Eltern nerven natürlich zuallererst ihre **Ärzte und Hebammen**, in deren Praxen sie pausenlos notlanden. Besonders reifere Akademikerinnen begreifen ihre Schwangerschaft nicht nur als »Projekt«, sondern auch als äußerst kritischen Zustand, der rund um die Uhr überwacht werden sollte. Volle Kontrolle im Mutterleib ist angesagt. Ohnehin reichlich vorhandene Ängste werden noch befördert durch die Industrie, die an das Gewissen werdender Eltern appelliert, alles maximal richtig zu machen. Weiterhin ihrem Beruf nachzugehen, finden die Frauen dann oft unzumutbar. Dass der Mutterschutz erst sechs Wochen vor dem errechneten Geburtstermin beginnt, scheint ihnen skandalös fahrlässig. Sie wollen von der Feststellung der Schwangerschaft an eine Vollkasko-Existenz führen.

Ein Opfer dieser Panik berichtet:

»Als Frauenärztin bin ich sozusagen am Anfang des Irrsinns. Mittlerweile beansprucht fast jede Schwangere ein Beschäftigungsverbot, da sie ja am Arbeitsplatz mit Menschen in Kontakt kommt, die potenziell eine Infektionsquelle darstellen. Wenn die Verbotsbescheinigung nicht sofort ausgestellt wird, erfolgt sofort ein Arztwechsel, verbunden mit übelster Bewertung auf den bekannten Portalen im Internet.«

Un-ver-ant-wort-lich!

»Ich bin 38 Jahre alt und gehe zu allen normalen Kontrollterminen bei meiner Frauenärztin. Neulich sagte eine andere Mutter zu mir: ›Was, du lässt keine Fruchtwasserpunktion durchführen? Das ist total unverantwortlich!‹«

Gefahr à la carte

»Meine Schwester war mit dem zweiten Kind im sechsten Monat schwanger. Wir waren im Restaurant, und zum Nachtisch gab es ein Dessert mit einem Hauch Zimt. Das gab einen Aufschrei, weil Zimt wehenfördernd ist und meine Schwester Angst hatte, direkt im Restaurant das Kind zu bekommen. Ich fand das übertrieben, sie sagte jedoch, nichts dürfe dem

Ungeborenen schaden, und verließ das Restaurant. Sie ist wirklich eine Helikopter-Mutter: Ihren Siebenjährigen lässt sie immer noch nicht allein auf den Spielplatz, trotz direktem Gartenzugang.«

Familientreff beim Ultraschall – eine Ärztin erzählt:
»Von Stunde eins der Schwangerschaft an wird gejammert, was das Zeug hält. Meistens wird die Schwangere vom Partner in die Praxis eskortiert, selbst ihre Handtasche muss der Mann tragen. Allein kann sie jedenfalls nicht kommen. Gibt es bereits Kinder, kommen auch diese mit und müssen nach ausgiebigem Picknick in den Praxisräumen bereits im Alter von einem Jahr bei vaginalen Untersuchungen und Ultraschall die Schwangerschaft miterleben. Wir mussten dazu übergehen, Schwangere und andere Patienten separat einzubestellen, da Letztere sich über den Lärmpegel und den Dreck der Geschwisterkinder beschwert haben. Gerade ältere Patienten, die selbst auch Kinder großgezogen haben, sind fassungslos und haben kein Verständnis für dieses Verhalten.«

Wer lange auf ein Kind wartet, vielleicht auch die Reproduktionsmedizin bemüht, neigt schon während der Schwangerschaft zur Übervorsicht, berichten Hebammen immer wieder. »Wer älter ist, macht sich mehr Gedanken, ist verkopfter«, sagt eine Hebamme aus Berlin. »Da wird dann sehr kleinteilig hingeschaut. Manchmal wird jede Käsesorte einzeln besprochen. Eine Schwangere wollte keinen Salat mehr essen, weil sie befürchtete, ihn zu waschen könnte nicht reichen.« Die Hebamme führt diese Ängstlichkeit auch darauf zurück, dass Schwangerschaften von der Medizin defizitorientiert wahrgenommen werden – als handle es sich um eine Krankheit. »Immer wird geschaut: Was könnte nicht stimmen? **Wo ist ein Risiko?** Gibt es Abweichungen von der Norm? Mittlerweile bekommt fast jede Schwangere irgendein Risiko im Mutterpass eingetragen. Je mehr man sucht, desto mehr findet man aber auch. Das fördert Ängste und Unsicherheiten.«

Vom Esstisch in die Notaufnahme?

»Ich bin Hebamme in einer Uni-Klinik. Neulich bekam ich abends einen Anruf im Kreißsaal: Eine Frau hatte versehentlich Rohmilchkäse gegessen. Ihre Frage: ›Muss ich jetzt kommen und mir den Magen auspumpen lassen?‹«

Kein Wunder, dass aus den ängstlichen Schwangeren anschließend **hysterische Gebärende** und helikopternde Eltern werden, deren Ehrgeiz sich auf die ideale Babybekleidung (nur Wolle-Seide-Textilien!), den perfekten Schnuller (Naturkautschuk!) und andere hochpreisige Produkte richtet.

Selbstverständlich werden diese **High-End-Produkte** damit angepriesen, dass sie irgendetwas fördern beim Kind, mindestens das Bonding, wenn nicht gleich Synapsen. Die skurrile Krönung der pränatalen Frühförderung ist diese Erfindung einer spanischen Kinderwunschklinik: Der BabyPod ist ein Player, den Schwangere an ihr Handy anschließen und in ihre Vagina einführen können. Dort spielt er in direkter Nähe zur Gebärmutterwand klassische Musik ab (macht intelligent) oder erste Vokabeln (Zweisprachigkeit). »Mit BabyPod beginnt die Artikulation schon im Uterus«, frohlockt die gynäkologische Klinik in Barcelona. Und bei einem »Vagina concert for foetuses« wurde der Gesang der ESC-Teilnehmerin Soraya den Schwangeren per Baby-Pod sogar live in den Unterleib übertragen – statt Händels Wassermusik also Fruchtwassermusik für Föten. Wir sehen: Viel zu lange verliefen die ersten zehn Lebensmonate eines Fötus quasi ungenutzt. Jetzt ist Schluss mit Chillen im Mutterleib.

> **Schwangere:** »Was kann ich meinem Baby im Bauch so vorlesen, haben Sie einen Tipp?«
> **Hebamme:** »Gedichte von Schiller, wenn Sie sie mögen.«
> **Schwangere:** »Klingt toll!«
> **Hebamme:** »Oder auch das Telefonbuch. Hauptsache, das Baby hört Ihre Stimme.«

Kind ja,
Geburt nein

Will das optimal vorbereitete Qualitätskind sich nach Monaten auf den Weg nach draußen machen, möchten es die werdenden Helikopter nicht dem Risiko einer Geburt aussetzen.

Viele Frauen sehen eine Geburt inzwischen als lebensgefährlichen Weg auf die Welt. »Sie haben Angst vor Schmerzen und um die Sicherheit des Babys«, berichtet eine Hebamme, »sie wollen gar keine natürliche Geburt.« So kommt es, dass ein Drittel aller Geburten in Deutschland ein Kaiserschnitt ist. Medizinisch nötig wäre das in so vielen Fällen ganz sicher nicht.

In den USA ist mittlerweile jede zweite Geburt ein Kaiserschnitt. Unter dem Motto **»Save your love channel«** werden Kaiserschnitte in Frauenarztpraxen sogar beworben. Kein Wunder, dass in Online-Foren – und vor allem unter Gutsituierten – viel diskutiert wird, ob ein Kaiserschnitt nicht doch der beste Weg sei. »Too posh to push« nennen das die Amerikaner – zu Deutsch etwa: »Zu vornehm zum Pressen«. Den Hol- und Bringservice durch die Bauchdecke muss man sich natürlich leisten können. Eine Mutter berichtet, sie habe einen vierstelligen Betrag investiert.

Wunschkaiserschnitt mit Chefarztbehandlung:
»Es stand so viel auf dem Spiel, was ich von anderen Müttern gehört hatte: Die Herztöne plötzlich weg,

Nabelschnur erdrosselt das Baby, Kind bleibt im Geburtskanal stecken, starker Blutverlust. Ich hatte Angst vor den Schmerzen und davor, mein Kind zu gefährden.«

Kaiserschnitte entsprechen außerdem dem durchoptimierten Lebensstil, den viele spätere Helikopter-Eltern pflegen. Der werdende Vater kann den Geburtstermin perfekt mit seinen Dienstreisen abstimmen – oder von seiner Sekretärin abstimmen lassen. Gibt es schon ein älteres Geschwisterkind, wird dieses keiner unnötigen Aufregung ausgesetzt, weil etwa der Mama plötzlich die Fruchtblase platzt – es verbringt einfach drei geplante Tage bei der Oma und erfährt nichts vom Wunder der Spontangeburt.

Der Perfektionismus in den 40 Wochen der Schwangerschaft zeigt: Hier lassen die besten Eltern der Welt schon mal ihre Rotoren warm laufen. Bis zur Geburt studieren sie dann noch alles an verfügbarer Ratgeberliteratur und sind über Geburtsstellungen und mögliche Risikolagen bestens informiert, sodass ihnen im entscheidenden Moment keine Hebamme vermeintlichen Quatsch erzählen kann. Was hat die denn schließlich für eine Qualifikation – ist das nicht »nur« ein Ausbildungsberuf?

> **Hebamme:** »Ein bisschen Bluthochdruck ist völlig normal im letzten Schwangerschaftsdrittel. Strengen Sie sich nicht zu sehr an, ruhen Sie sich aus.«
> **Eltern:** »Soso, das meinen Sie. Wie viele Semester Gynäkologie haben Sie denn studiert?«

Viele Akademiker-Eltern meinen, erfahrenen Kräften aus anderen Berufen erzählen zu können, wo's langgeht. Vertrauen tun sie eh nur sich selbst, und schließlich geht es hier um den Thronfolger persönlich. Vor allem Hebammen und Erzieher sind von dieser Entwicklung be- und getroffen, wie die Aussage dieses selbstbewussten Vaters belegt:

Wer ist hier der Experte?

»Das Wissen von Hebammen basiert zu großen Teilen nur auf Erfahrung. Da wird zum Beispiel in von Hebammen geschriebenen Fachbüchern noch immer behauptet, ein gestilltes Kind könne Blähungen bekommen, wenn die Mutter blähende Lebensmittel wie Sauerkraut isst, dabei ist das ganz offensichtlich kompletter Quatsch. Und wenn eine Mutter mit Hochschulabschluss mit einer Erzieherin diskutiert, dann wundert es nicht, wenn die Erzieherin den Kürzeren zieht. Erfahrung reicht heutzutage nicht mehr, weil viele Eltern die Erzieher schlicht und einfach von der Kompetenz her überholt haben.«

Händchenhalten war gestern – jetzt ist Excel!

»Ein werdender Vater saß bei der Geburt vor seinem Rechner und hat jede Wehe in eine Excel-Tabelle eingetragen. Sein Beitrag zu der Geburt war, dass er alle Wehen auf seinem Laptop festgehalten und notiert hat, wie lang oder wie heftig sie jeweils waren.«

Ach ja: **Ein perfektes Baby braucht ein perfektes Baby-zimmer**, ist klar. Hinter dieser Idee steckt eine Industrie, die durch sanften Druck aufs elterliche Gewissen die schicksten Interieurs für Neugeborene verkauft. Die Möglich-keiten sind ungeahnt, und Helikopter-Eltern überschlagen sich mit Planungen.

Eine glückliche Mutter berichtet stolz:

»Wir machen alles zum Thema Wald und Zwerge. Die Wand wird eher sandfarben, und dann malen wir einen Baum mit Blättern und vielleicht ein paar Vögel oder Eulen an die Wand. Dann wollte ich noch ein paar Baumscheiben, die gibt es im Tierhandel für Wellen-sittiche, anbringen und kleine Puppenhausmöbel draufstellen. Und ich habe eine Kuschelecke mit Lichterkette und Himmel eingeplant, die Kissen mit Zwergen oder Waldoptik. Der Fußboden wird aus Kork.«

Mütter mit Keimphobie
und andere Wahnideen

Und dann ist das Baby da. Und seine Eltern lieben es und wollen selbstverständlich nur das Beste für ihren Liebling. Klar: Menschen verändern sich, wenn sie Eltern werden – alles andere wäre auch sehr merkwürdig. Aber ist es normal, wenn selbst die engsten Freunde **frischgebackene Eltern nicht wiedererkennen**? Aus selbstbewussten Menschen werden ängstlich umherkreisende Rettungshubschrauber. Sie haben Angst vor Keimen und Geräuschen, Feuchttüchern – und selbst den eigenen Brustwarzen.

Eine verwunderte Leserin berichtet:
»Kurz nach der Geburt haben unsere Freunde eine spezielle Matte fürs Bettchen gekauft, damit die Herztöne überwacht werden können. Das Babyphon ist mit Kamera ausgestattet, sodass das Kind jederzeit beobachtet werden kann. Feuchte Tücher beim Wickeln sind, vermutlich aufgrund schädlicher Inhaltsstoffe, grundsätzlich verboten. Meine ironische Frage, ob Stoffwindeln oder das bewährte ›Abhalten‹ Alternativen sein könnten, wurde ernsthaft diskutiert.«

Ist unser Modell eigentlich geländetauglich?
Ob es vielleicht dem Babyhirn schaden könne, wenn sie mit dem Kinderwagen über Kopfsteinpflaster fahre, wollte eine Schwangere von ihrer Hebamme wissen.

Der blieb der Mund offen stehen: Das hatte sie in all den Berufsjahren wirklich noch niemand gefragt. Aber sie konnte die werdende Mutter beruhigen: Alle Babys sind SUVs.

Ebenfalls eine Hebamme erzählt das Folgende:

Sterile Zone

»Immer wieder erlebe ich bei Hausbesuchen, dass Mütter ihren halben Haushalt desinfizieren. Sie benutzen antiseptische Flüssigseife und wischen Küchentisch, Arbeitsplatten und alles, was das Baby berührt, mit Sagrotan ab. Neulich habe ich eine Mutter betreut, die die Kleidung ihres Babys mit einem speziellen desinfizierenden Waschmittel wusch. Eine Hygienemaßnahme konnte ich ihr aber zum Glück wieder ausreden: vor dem Stillen ihre eigene Brust zu desinfizieren.«

Pssssst!

»Die ersten Wochen durfte man sich unserem Patenkind nur im Flüsterton und mit langsamen Bewegungen nähern – es hätte überreizt werden können. Beim Stillen wurden alle Menschen aus dem Raum gebeten, damit die Bindung zwischen Mutter und Kind enger wird. Staubsaugen war nur noch möglich, wenn das Kind eine Etage darüber bei geschlossener Tür schlief, ansonsten wurden die Räume gefegt. Ich brauche wohl nicht zu erwähnen, dass Telefon und Klingel noch immer regelmäßig abgeschaltet sind und die Familie nicht zu erreichen ist.«

Helmpflicht in jeder Lebenslage

»Meine Schwester hatte panische Angst vor Krankheiten. Alle Besucher der Babys mussten immer die Hände desinfizieren. Hatte ein Mensch im Umfeld mal einen Schnupfen, lief sie mit den Kindern zum Kinderarzt, auch wenn diese kerngesund und munter waren. Draußen spielen war grundsätzlich nur unter höchsten Sicherheitsvorkehrungen erlaubt: So trugen die Kinder auf dem Spielplatz einen Helm und bei jedem Wetter Sonnenschutz mit Lichtschutzfaktor 50.«

Nur eine gesunde Oma ist eine gute Oma

»Nach einem Treppensturz der Oma durfte unser Patenkind sie ein paar Wochen nicht sehen. Wahrscheinlich, so orakelten die Eltern, würde es den Einjährigen verwirren und stressen, wenn die Oma nur im Sessel sitze und sich nicht um ihn kümmere.«

Schlaf, Kindchen, schlaf ...

Besonders für den **heiligen Schlaf** ihrer Lieblinge lassen sich Eltern zu den bizarrsten Hilfestellungen hinreißen, und das oft jahrelang. Sie kommen gar nicht auf die Idee, dass es vielleicht anders gehen könnte, und akzeptieren bereitwillig auch körperliche Schmerzen. Klitzekleines Problemchen bei der Sache: Selbstständig ein- und durchzuschlafen lernt ein Kind auf diese Weise eher nicht.

Papas Finger als Schnuller

»Unsere Tochter hat keine Schnuller gemocht. Deshalb haben meine Frau und ich ihr zum Einschlafen immer unseren kleinen Finger zum Nuckeln in den Mund gesteckt.

Zwei Jahre lang saßen wir mittags, abends und nachts neben ihrem Bettchen und mussten unseren Finger hinhalten. Ich hatte regelmäßig Nagelbettentzündungen und immer eine Furche im Finger durch ihre Zähne. Und ein Babysitter war undenkbar.«

Eine Hebamme erlebte Kurioses:

»Um den Schlaf ihrer Babys nicht zu stören, denken sich junge Eltern Kniffe aus, die ihre Mitmenschen sehr verwundern. Das Telefon und die Klingel auszustellen ist da noch harmlos. Ein Paar hatte den gesamten Dielenboden seiner Altbauwohnung mit bunten Klebestreifen markiert, damit sie ihre Schritte so platzieren konnten, dass die Dielen nicht knarzten. Und ein Vater hatte tatsächlich Angst, die Klospülung zu betätigen, wenn das Baby schlief. Er pinkelte deshalb ins Waschbecken.«

In Eltern-Foren geben sich Mütter und Väter gegenseitig Rat, wie sie die Forderungen ihrer Kleinkinder aushalten und umsetzen können. Einfach mal *nicht* zu erfüllen, was ihr kleiner Nervbolzen verlangt, kommt für diese Eltern offenbar gar nicht in Betracht.

Mamas Kopf als Kopfkissen

»Als mein Sohn zwei Jahre alt war, forderte er immer vehement, auf meinem Kopf einzuschlafen. Ich musste mich auf die Seite legen, und er hockte sich in Embryohaltung neben mich und legte seinen Kopf auf meinen. Auf diese Art schlief er sehr schnell ein, und ich ließ es zu – teils aus Bequemlichkeit und um den Einschlafvorgang abzukürzen, aber auch, weil ich dachte, ich müsste ihn unbedingt glücklich machen. Das Problem war aber, dass er, wenn er nachts aufwachte, zu mir ins Bett kam und sich wieder auf meinen Kopf legte.«

Eine andere Mutter legte ihr Baby sechs Monate lang ausschließlich auf ihrem Körper schlafen und verbrachte deshalb fast ein halbes Jahr im Bett. Erst als sie **echte gesundheitliche Probleme** bekam, traute sie sich, andere Mütter um Rat zu fragen:

»Ich habe mich zwar mittlerweile daran gewöhnt, die meiste Zeit im Bett zu verbringen, aber so kann es nicht weitergehen. Sie wird langsam ziemlich schwer, und ich habe durch das häufige Liegen auf dem Rücken bereits eine Thrombose im rechten Bein.«

Und die Psychologin Annette Kast-Zahn, Autorin des erfolgreichen Eltern-Ratgebers »Jedes Kind kann schlafen lernen«, berichtete der *Süddeutschen Zeitung* aus ihrer verhaltenstherapeutischen Praxis:

»Ein Paar hatte einen Föhn über dem Bett angebracht, der musste eine halbe Stunde laufen, bis das Kind schlief. Auch nachts mehrmals. Und er musste tatsächlich blasen, das Föhngeräusch von einer CD wirkte nicht. Ein anderer Vater, 1,90 Meter groß, quetschte sich immer mit ins Kinderbett. Eine Mutter lag auf dem Lammfell davor.«

Nacktstillen ist total wichtig
»Meine Freundin bekam ihr zweites Kind im Juli. Ein paar Wochen später besuchte ich sie in ihrer Wohnung und bekam fast einen Hitzschlag. Im Wohnzimmer bollerte die Heizung, die Couch war zu einem riesigen Bett umfunktioniert worden. Sie erklärte mir: Jedes Mal, wenn ihr Baby schlafen möchte, lege sie sich mit dem Kind nackt hin. Co-Sleeping und Nacktstillen seien total wichtig für das Bonding. Ich finde: Sie hat sich aufgegeben. Es ist unmöglich, sich mit ihr

zu verabreden. Vielleicht wieder in sechs Jahren, wenn das Kind in die Schule muss.«

Andere Kinder lieben es, noch nach dem Abstillen mit den Brüsten ihrer Mütter zu spielen. Auch diese Marotte akzeptieren viele dann einfach als **Vorliebe ihres Schätzchens –** sogar in der Öffentlichkeit.

Busengrapscher

»Wenn sie müde oder quengelig ist, steckt sie ihre Hand in meinen Ausschnitt und fummelt los. Auf ›Nein!‹ hat sie nicht reagiert, und weil es ihr augenscheinlich guttat, um sich zu beruhigen, habe ich sie gelassen. Jetzt nervt es mich allerdings. Und gerade zum Einschlafen knetet sie oft wie wild drauflos. Es stört mich, aber wenn ich Nein sage, weint sie.«

Und eine andere Mutter erzählt:

»Einmal hat sie das auch bei einem Termin gemacht. Sie sagte laut: ›Oooh, Titti‹, und griff mir voll ins Dekolleté. Das war echt peinlich.«

Peinlich, ja – aber offenbar nicht peinlich genug. Gibt es eine Konkurrenz unter Helikoptern, wie sehr sie sich für ihr Kind aufopfern? Liefern sie sich einen Wettstreit darum, wer die besten Eltern sind, und steigern sich deshalb in immer absurdere Dienstleistungen an ihren Babys hinein? Manchmal scheint es so. Wenn dann Mütter andere Frauen sehen, die es anders machen als sie selbst und damit das eigene Verhalten infrage stellen, müssen die irgendwie bestraft werden. Ist doch klar, oder?

Babyschlaf scheidet die Geister

»Eine gute Bekannte verkündete, sie könne mit einer Frau, die sie aus dem Geburtsvorbereitungskurs kannte und mit der sie fast zeitgleich entbunden hatte, nicht mehr befreundet sein. Der Grund: Die andere Frau lasse ihr Baby nicht bei sich im Bett schlafen. Als ich irritiert nachfragte, ob das Baby denn viel weinen würde, weil es im eigenen Bett schlief, sagte sie: ›Nein, aber das arme Kind weiß es ja auch nicht besser. Und eine gute Mutter hat das Bedürfnis, ihr Kind neben sich schlafen zu fühlen.‹«

Na dann: Gute Nacht.

Auch wenn diese Mutter zu wissen meint, was alle Säuglinge brauchen, sind sich einige Eltern unsicher, ob sie die Wünsche ihres Schützlings perfekt erfüllen. Denn leider können Babys in den ersten zwei Lebensjahren nicht sprechen. Um diese Lücke zu schließen, nehmen Helikopter-Eltern mit Babys ab sechs Monaten an Kursen teil, um ihnen Gebärdensprache beizubringen. Mit etwa 70 Handzeichen können sich Eltern und Babys dann verständigen – was vor allem die Eltern beruhigt und ihnen das Gefühl gibt, alles getan zu haben, um ihrem Kind *as soon as possible* jedes Bedürfnis zu erfüllen. Ein Hamburger Arzt berichtet verwundert:

»Neuerdings lassen sich Eltern in Babyhandzeichen schulen. Sie meinen, es klaffe sonst eine Lücke in der Kommunikation mit ihrem Säugling. Ich halte das bei hörenden Kindern nicht für sinnvoll, zumindest nicht für die Kommunikation. Eigentlich ist ja lautsprachliche Verständigung das Ziel. Möchte man diese fördern, sollte man sich nicht mit Handzeichen unterhalten.«

Das alles klingt schon irgendwie übertrieben. Aber wir wollen nicht so streng sein, denn wer könnte Säuglingseltern nicht verstehen: Die hilflos-süßen Wonneproppen sind doch noch so klein. Irgendwann wird allerdings jedes Baby zum Kleinkind. Und viele Eltern nehmen es dann mit dem Komplettservice sehr wörtlich und kämpfen auch **im Kindergarten** für jede Extrawurst. Natürlich nur fürs eigene Kind.

»Wärmen Sie die Klobrille vor!« Hubschrauber-Einsatz in der Kita

Solange ein Kind zu Hause betreut wird, helikoptert es sich noch ganz leicht. Das Kleinkind wird verwöhnt, und niemand darf es wagen, die Eltern zu kritisieren. Komplizierter wird es für die Heli-Eltern, wenn Prinz oder Prinzessin irgendwann fremdbetreut werden sollen. Denn welche Kita könnte gut genug sein für den eigenen Augapfel? Wer kann garantieren, dass das Kind den gleichen Service erfährt wie zu Hause? Niemand kann das – weil es unmöglich ist. Und das kann Helikopter-Eltern wahnsinnig machen. Sie wollen weiter alles kontrollieren und auch von der Arbeit aus permanent ihre schützende Hand über ihr so verletzliches und ständig gefährdetes Kind halten. Und sie übertreiben es damit manchmal gehörig, wie genervte Erzieher immer wieder berichten. Die **Sicherheitsfreaks** fordern Überwachungskameras für den Mittagsschlaf, lassen ihr Kind beim Arzt testen, ob es gegen die Billigpflaster aus der Kita allergisch ist, und diskutieren auf dem Elternabend über eine

Helmpflicht für Rutschautos und Dreiräder. Die **Öko-Frak-tion** hat Angst vor Gift im Essen und vor Zucker sowieso. Supermarkt-Bio ist ihnen nicht Bio genug, und Geburtstags-kuchen gehören generell verboten. Die **Kampfhubschrau-ber** unter den Eltern hingegen drohen mit dem Anwalt, wenn ein Erzieher eine Zecke entfernt, wollen Schadenser-satz, wenn die Kleidung zerreißt, oder rufen das Jugendamt an, wenn ein Kind in der Gruppe die anderen kneift. Und schließlich sind da noch die **überambitionierten Perfor-mer** – für sie kann es gar nicht genug Förderung geben im Kindergarten. Da wird die Erzieherin zur Rede gestellt, wenn die Kinder im Matsch toben, statt Bogenschwünge zu üben. Und vor dem Ausflug auf den Ponyhof informieren sie sich, auf welcher Rasse die Kleinen sitzen werden – schließ-lich möchten sie den eleganten Reitstil ihrer Fünfjährigen nicht verderben.

Beim Spielen hört der Spaß auf! Eltern in Angst und Rage

Immer wieder berichten Pädagogen, dass **Eltern nicht los-lassen können**. Das ist nicht nur anstrengend für die Kin-der und supernervig für die Erzieher, es muss auch belastend für Helikopter-Eltern selbst sein. Ohne Pause kreisen ihre Gedanken darum, was im Kindergarten schieflaufen könnte. Morgens geben sie nicht nur das Kind, sondern auch eine Checkliste ab, was die Erzieher über den Tag alles beachten sollen, damit auch ja alle Standards eingehalten werden wie zu Hause – und seien sie auch noch so absurd:

Kleidervorschrift
»Wenn die Kinder rausgehen, bitte Johanna die gefütterte Hose UND die Thermohose anziehen, es sollen heute nur elf Grad werden, das ist sonst zu kalt.«

Diätplan
»Ich habe auf dem Essensplan gesehen, dass die Gruppe heute Milchreis bestellt hat. Theo mag keinen Milchreis, könnt ihr ihm bitte sein Essen aus der Tupperdose aufwärmen?«

Verdauungskontrolle
»Malte war heute noch nicht auf Klo, achtet ihr bitte darauf, dass er geht?«

In Kindergärten spricht sich unter dem Personal schnell rum, welche Eltern besonders betreuungsintensiv sind. Das Paradoxe daran: Eigentlich wollen die Eltern ihrem Kind jeglichen Stress ersparen – aber es ist genau ihr Verhalten, das unnötigen Stress im Kindergarten erzeugt. Dabei werden **Pädagogen auch heimlich überwacht**: »Ich erlebe nicht selten, dass sich Mütter in die Kita schleichen und an der Wand zum Gruppenraum lauschen«, erzählt eine Erzieherin. Und eine Kita-Chefin berichtet, sie habe sich mit den Kollegen dabei abgewechselt, eine Mutter zu betreuen, die von ihrer kontrollsüchtigen Kita-Spionage kaum abzubringen war:

> »Schon während der Eingewöhnung erwischten wir sie, wie sie uns und ihre Tochter heimlich durchs Fenster beobachtete. Am nächsten Tag brachte sie einen Phasenprüfer mit, um unsere – natürlich gesicherten – Steckdosen zu überprüfen. Kurzum: Es fiel ihr schwer, unserer Einrichtung Vertrauen zu schenken. In den folgenden drei Jahren fürchtete die Mutter stets, ihre Tochter könne in Gefahr sein oder ungerecht behandelt werden. Immer wieder rief sie an: ›Stimmt es, dass Lina kein Malpapier benutzen darf?‹, ›Stimmt es, dass ein Kind sie bedroht hat?‹, ›Stimmt es, dass Lina keinen Nachtisch bekommen hat?‹ Wir haben uns im Team abgewechselt, wer ans Telefon geht. Immer wieder beschuldigte oder beleidigte sie uns. Da wir aber fürchteten, dass sie ihr Kind bis zur Schule zu Hause behalten würde, und wir schon ihre dritte Kita waren, bissen wir uns um des Kindes willen durch.«

Tja, Spielen ist eben kein Spaß. »Auch wenn sich zwei Dreijährige bloß um eine Schaufel gestritten haben, kommen Eltern am nächsten Tag und wollen einen Bericht über den ›Vorfall‹«, berichtet eine Erzieherin. Eine Kindheit ohne Streit und Frust ist sicher nicht der optimale Weg, um den

Umgang mit negativen Gefühlen zu lernen. Doch die Kleinen wachsen auf wie in Watte gepackt und werden permanent um Angst, Traurigkeit oder Schmerz herummanövriert.

Apropos Schmerz: Wussten Sie, dass das eigenmächtige Anbringen eines Pflasters an einem aufgeschürften Knie als Körperverletzung ausgelegt werden kann? Einige Eltern müssen das so gesehen haben, weshalb eine Berliner Kita 2017 dazu überging, im Vorhinein von allen Eltern **Einverständniserklärungen für Pflaster** einzuholen. Das regte die grüne Bezirksbürgermeisterin von Friedrichshain-Kreuzberg, Monika Herrmann, so auf, dass sie auf ihrer Facebook-Seite ein Foto der Einverständniserklärung postete und dazu schrieb: »Drehen wir eigentlich alle nur noch am Rad?« Daraufhin entwickelte sich in verschiedenen sozialen Netzwerken eine beachtliche Diskussion über Pflasterallergie und den Umfang von Erster Hilfe. »Bei uns wollte ein Vater ein Pflasterbuch einführen«, erzählt ein Vater, andere nahmen es mit Humor: »Manche bestehen eben auf veganes Bio-Sprühpflaster. Etwas mehr Toleranz bitte.«

Eine Mutter berichtete, sie habe unterschreiben müssen, dass ihr Kind auf Läuse untersucht werden darf, eine weitere hatte erlebt, dass die Kita zur Absicherung gegenüber den Eltern keine Sonnencreme mehr auftrug. Und eine andere erzählt: »Mein Sohn kam neulich mit einem Splitter im Finger nach Hause und fragte: »Mama, was ist Körperverletzung?« Die Erzieherin hatte dem Kind erklärt, sie dürfe ihm nicht helfen, sie riskiere sonst eine Anzeige. Dasselbe gilt übrigens für Zecken:

»Ich organisiere Wald-Kindergeburtstage und bin deshalb als Outdoor-Notfallhelfer ausgebildet. Ich wurde mal angezeigt, weil ich einem Kind eine Zecke entfernt hatte. Der Papa war Anwalt. Kam dann zwar nix mehr hinterher, aber: Traurig finde ich das.«

Die **Überwachungshubschrauber** unter den Eltern verlangen immer die höchste Sicherheitsstufe für ihr Kind, egal ob beim Baden, Spielen oder Schlafen:

Badeklausel

»Kürzlich maulte ein Anwaltspapa, auf unserer Badeerlaubnis sei nicht eindeutig zu erkennen, dass Erzieher anwesend sind. Als ob wir die Kinder allein zum Strand schicken und in der Zeit Käffchen trinken würden.«

You give me fever

»Ein sechsjähriges Kind hatte leichtes Fieber von 38,4 Grad. Ich rief die Eltern an, um zu fragen, ob sie das Kind etwas eher abholen könnten. Zehn Minuten später standen da: Vater, Mutter, Onkel, Tante und der volljährige Bruder. Alle sehr aufgeregt. Sie sind dann mit dem Kind sofort in die Notaufnahme.«

Profi-Paten

»Die Eltern unseres Patenkinds haben meinem Mann und mir bereits vor der Geburt nahegelegt, einen Erste-Hilfe-Kurs für Kleinkinder zu besuchen. Die

Bescheinigung über die Teilnahme sollten wir ihnen vorlegen. Ansonsten könne das Kind nicht alleine bei uns bleiben, was übrigens auch bis heute – das Kind ist inzwischen sechs Jahre alt – nicht passiert ist.«

Kameras in die Kita!
»Mittags legen wir unsere Krippenkinder im Gruppenraum schlafen. Wenn alle eingeschlafen sind, können auch wir Erzieher eine Mittagspause machen und etwas essen. Das Babyphon haben wir immer dabei. Manchmal passiert es aber, dass ein Kind aufwacht und vielleicht auch ein anderes weckt. Das ist kein Drama, allen geht es gut dabei. Trotzdem fordern Eltern regelmäßig, dass wir die Kleinen beim Schlafen mit einer Kamera überwachen und Kinder, die nach und nach aufwachen, sofort aus dem Raum holen, denn: ›Carl hat nachmittags ganz schlechte Laune, wenn er mittags eine halbe Stunde weniger schläft.‹«

Was bringt Helikopter-Eltern dazu, ihre Umgebung derart nach Defiziten abzuscannen? Nur das Negative zu sehen? Für sie ist die **Welt voller Gefahren**. Sprechen sie über ein Bobby-Car, denken sie an Unfälle. Gehen sie in den Wald, haben sie Angst vor Stöcken und Zecken. Durch Glastüren könnte jemand einen Blick auf ihr Kind werfen, was natürlich verhindert werden muss. Und stellen Sie sich mal vor, die Sonne wagt es, sich kurz hinter dem Mond zu verstecken! Wäre das nicht total traumatisch für ein Kind?

Eine Musikpädagogin wundert sich:

»In der Kita meiner Tochter wurden jetzt die Scheiben der schmalen Glastüren zu den Wickelräumen zugeklebt, weil einige Eltern nicht wollen, dass man bestimmte Körperteile ihrer Kinder sieht. Ich finde das einfach absurd, und es hat für mich nichts mit dem Schutz von Persönlichkeitsrechten zu tun. Es würde mich nicht wundern, wenn genau diese Eltern Fotos ihrer Kinder auf Facebook posten.«

Manchmal fragt man sich, warum sich Eltern für ein bestimmtes Kita-Konzept entscheiden, obwohl es ihr Kind in permanente Lebensgefahr bringt. »Während eines Elternabends in unserer Wald-Kita bat eine besorgte Mutter darum, den Kindern bei ihrem täglichen Spaziergang durch den Wald das Spielen mit Stöcken zu verbieten. Der Grund: Das sei zu gefährlich.«

Sie fallen weich

»Eine Mutter packte ihre zwei Kinder in bis zu fünf Schichten Kleidung ein. Die beiden waren immer total verschwitzt, denn die Mutter bestand darauf, dass sie sich nicht ausziehen. Dabei tobten die beiden doch so gern. Es dauerte ziemlich lange, bis wir begriffen, warum die Kinder nichts ausziehen sollten: Die Eltern waren der Meinung, die Kleidung biete Schutz vor Verletzungen.«

Böse Sonne! Böser Mond!

»Während einer partiellen Sonnenfinsternis wurde es um die Mittagszeit herum draußen dunkler. Plötzlich klopfte es, und da standen die Eltern und die Großmutter eines der Kinder: Die drei hatten Sorge, dass die Sonnenfinsternis ihren Sprössling verwirren oder beunruhigen könnte. Der Anderthalbjährige saß derweil quietschvergnügt zwischen Bauklötzen und wurde lediglich von den panischen Mienen der Erwachsenen, die auf ihn einredeten, verwirrt. Dass es draußen dunkler war als sonst, hatte der Kleine natürlich überhaupt nicht bemerkt.«

Bio ist nicht gleich Bio!

Ein weiteres Lieblingsthema der überprotektionistischen Eltern in Kindergärten ist natürlich die Ernährung. Ein schwieriges Feld, denn hier gibt es viele Dogmatiker: Die einen haben Zucker auf dem Kieker, die anderen verteufeln Weißmehl und halten Gluten für einen von der Industrie ins Mehl gemischten Giftstoff, die dritten finden nur bestimmte Bio-Siegel akzeptabel, und wieder andere würden ihrem Kind nie Fleisch anbieten oder ernähren sich selbst vegan, was natürlich auch ihre Kinder zu Veganern macht. Das ist schon für jeden Caterer ein herausfordernder Balanceakt, ganz zu schweigen von Kitas, die das Essen selbst kochen. Und sogar, wenn ein Kind von Haus aus eigentlich alles essen darf, fällt manchen Eltern noch ein, dass ein Eis vielleicht zu kalt sein könnte für das Kehlchen ihrer Prinzessin, die deshalb natürlich eine Sonderbehandlung braucht. **Kulinarische Extrawünsche an Erzieher** posaunen Helikopter ganz ungebremst hinaus, schließlich geht es darum, dass das Kind nicht verhungert. Da kann man doch wohl verlangen, dass die Kita-Mitarbeiter vor jedem Essen den Kindermund massieren und dabei ein Liedchen singen.

Lutschfinger vom Therapeuten

»Ich bin Erzieherin in einer Kinderkrippe. Bei uns gibt es ein drei Jahre altes Kind, das angeblich eine Nahrungsphobie hat. Eigentlich isst das Kind alles auf, worauf es gerade Lust hat, und verweigert nur – wie die meisten Kinder in dem Alter – Obst und Gemüse. Jedoch glauben die Eltern, dass dieses Kind eine echte Krankheit hat. Sie haben uns einen Bericht ihres Therapeuten mitgebracht. Von uns Erziehern wollen sie jetzt, dass wir vor dem Kind mit den Fingern essen, dabei ein Lied singen (›Mmhhmm, das schmeckt so gut, mmhhmm, das ist so lecker‹) und dem Kind gleichzeitig unsere Finger anbieten, damit es daran lutschen kann. Zudem sollen wir bei dem Kind vor jeder Mahlzeit eine Massage im Mund machen.«

Biogurken-Zulage

»Ich werde nie vergessen, wie ich mit anderen Müttern einer privaten Kita darüber diskutieren musste, ob eine Biogurke aus dem Supermarkt für das Frühstück der Kleinen geeignet sei. Supermarkt-Bio sei eben kein echtes Bio, und nur das sei eigentlich gut genug für unsere Liebsten, fanden die besorgten Frauen. Eine Mutter wollte auch nicht gelten lassen, dass ›echte‹ Biogurken im Februar sehr teuer sind und nicht von dem einen Euro, den zehn Eltern pro Tag und Frühstück zahlen, finanziert werden können. Sie wollte eine saisonabhängige Bio-Zulage einführen, damit es auch im Winter feines Demeter-Gürkchen gibt. Wer das ablehnte, dem warf die Mutter gesundheitsschädigendes Verhalten vor.«

Eis vor Verzehr aufwärmen

»Ich arbeite als Erzieherin in einer Kita. Freitags gibt es nach dem Mittagessen immer ein Eis. Ein Vater gab uns einen Brief, in dem er erklärte, dass seine Tochter erkältet sei. Er wolle aber nicht, dass sie deshalb auf den Nachtisch verzichten muss. Wir sollten daher bitte das Eis vor dem Verzehr ein paar Sekunden in der Mikrowelle erwärmen.«

Katzentisch

»Eine Mutter warnte schon beim ersten Elterngespräch, dass ihr Sohn fremdes Essen immer ablehnen würde. Und sie wollte wissen, wie wir das mit Geburtstags-kuchen in der Kita handhaben würden: Sie plädiere nämlich für gekauften Kuchen, denn niemand könne sicherstellen, dass andere Eltern nicht zum Beispiel Katzen in der Küche herumlaufen ließen, die das Essen verunreinigten. Als wir antworteten, dass bei uns sehr wohl selbst gebackener Kuchen und selbstgemachtes Essen mitgebracht würden, sah man das pure Entsetzen im Gesicht der Mutter. In diesem Moment wurde uns klar, warum ihr Sohn kein ›fremdes Essen‹ mochte.«

In einem Kindergarten in Nordrhein-Westfalen reagierten die Eltern richtiggehend schockiert, als sie erfuhren, dass das Mittagessen von der örtlichen Metzgerei angeliefert werde. Pfui Teufel noch mal! Zwar belieferte die Metzgerei mehrere Betreuungsstätten im Umkreis und kochte regelmäßig vegetarisch. Doch die Eltern machten gegen den Caterer mobil, berichtet eine Mutter:

Caterer-Kater

»In dem Kindergarten gab es eine eingeschworene Elternclique, die hysterisch forderte, dass den Kleinen zu Mittag ausschließlich vegetarische oder vegane Gerichte angeboten würden. Die Gruppe wollte durchsetzen, dass die Speisen von einem alternativ-biologischen Kleinbetrieb geliefert wurden. Das hätte aber einen deutlichen Kostenzuschlag pro Kind bedeutet, was in einer Elternabstimmung glücklicherweise verworfen wurde. Dennoch herrschte keine Ruhe, bis die

Metzgerei die unmöglichsten Kompositionen kreieren musste, um die ›armen‹ Kinder fleischfrei zu ernähren.«

»Bewahren Sie die vollen Windeln auf!« Von Feuchttüchern und Fäkalien

Die meisten Hubschrauber-Eltern legen viel Wert auf **Ordnung und Hygiene**, und vor allem soll alles immer tippitoppi aussehen, wie in der Waschmittelreklame. Nun ist aber Werbung bloß Werbung, und der Alltag mit Kindern ist in der Realität, sagen wir es freiheraus, mit viel Dreck verbunden. Denn kleine Kinder können ihre Körperausscheidungen nicht kontrollieren, sie lieben alles, was nass und matschig ist, und sie essen die ersten Jahre mit den Händen. Zu Hause können Heli-Muttis mit ihren tausend Feuchttüchern das Übel noch bekämpfen. Aber Erzieher fühlen sich meist nicht dafür zuständig, diese Standards umzusetzen, was zu Problemen führt:

Saubere Karos

»Und wie kriege ich jetzt die Flecken aus dem Poncho wieder raus? Der ist von Burberry! Könnt ihr nächstes Mal bitte etwas aufpassen?«

Saubere Popos

»Es gibt hier in Hamburg Eltern, die ihren Kindern im Sandkasten Handtücher unter den Popo legen, damit die Hose nicht dreckig wird.«

Sauberes Spielen

»Im Kindergarten unseres Sohnes wurde einmal eine ›Waldwoche‹ abgesagt, weil sich im Vorjahr zu viele Eltern darüber beschwert hatten, dass die Kinder schmutzig und müde vom Spielen bei sommerlichen Temperaturen in der freien Natur heimkamen.«

Dass solche pedantischen Eltern den Pädagogen in der Kita nur schwer vertrauen können, ist klar. Besonders aufreibend ist der Aufenthalt der Kinder in der Kita für Helikopter, solange die Kleinen noch nicht sprechen und nicht von ihrem Tag berichten können. Sie lassen sich deshalb andere Kontrollmechanismen einfallen. Eine Erzieherin erzählt:

Geheimzeichen

»In unserer Kita ist einer Kollegin aufgefallen, dass die Windeln eines Kindes regelmäßig gekennzeichnet waren: mal mit einem kleinen Kreuz, mal mit Glitzerpuder oder anderen kleinen Zeichen. Bis wir kapiert haben: Die Mutter wollte kontrollieren, ob wir wirklich die Windeln wechseln. Wir waren fassungslos.«

Wo wir schon bei den Windeln sind, kommen wir am appetitlichsten Thema aller Kindergärten nicht mehr vorbei: dem Helikopter-Gewese zur kindlichen Verdauung. Eltern werden vom Tag der Geburt ihres Kindes darauf getrimmt, alle Ausscheidungen genau zu überwachen: Zu hell? Zu dunkel? Zu flüssig? Zu fest? Zu selten? Das mag ja bei Säuglingen durchaus sinnvoll sein. Aber, liebe Helikopter-Eltern: Könnte man die Sache nicht nach ein paar Jahren mal etwas lockerer sehen und die **Rundumüberwachung des Stuhlgangs** ein wenig runterfahren? Müssen die folgenden Forderungen an Erzieher wirklich sein?

Kuscheliges Geschäft
»Bitte nehmen Sie mein Kind auf den Schoß, wenn es in die Windel macht.«

Kacke im Kühlschrank
»Ein Kind in unserer Kita hatte dreimal hintereinander Probleme beim Stuhlgang, dieser war entweder zu fest oder zu flüssig. Da schlug die Mutter tatsächlich vor, der Erzieher solle die vollgemachte Windel in den Kühlschrank legen, damit die Mutter sie, wenn sie ihren Sohn abholt, mitnehmen und einem Arzt vorlegen könne.«

Raue Zeiten

»Einigen Eltern erschien das Toilettenpapier in der Kita zu rau. Beim Elternabend wurde dann tatsächlich 15 Minuten lang über weicheres Papier debattiert. Und vor dem Besuch eines Wildparks gab es Bedenken, ob die Benutzung der öffentlichen Toiletten für die Kinder zumutbar wäre.«

Und noch eine Frage an die Helikopter-Eltern, weil es so unglaublich ist, aber immer wieder vorkommt: Denkt ihr wirklich, dass Klobrillen inadäquat für eure Kinder sind? Eine Mutter verlangte zum Beispiel von der Erzieherin im Kindergarten nicht nur, ihre Vierjährige auf die Toilette zu begleiten. Sie forderte außerdem: »Setzen Sie sich vorher auf die Toilettenbrille, ihre Oma wärmt sie ihr bei uns zu Hause auch immer vor. Sonst geht unsere Tochter nicht aufs Klo.«

Ein Praktikant im Kindergarten erzählt:

»Im Gespräch über die morgendliche Routine des Kindes erzählte die Mutter mir, dass sie ihrem Sohn jeden Morgen die Klobrille warmföhnt, damit ihm nicht so kalt auf dem Thron ist.«

Und dann war da noch die Therapeutin-Mutter mit einer ganz eigenen entwicklungspsychologisch sicherlich höchst fortschrittlichen, aber nicht sehr sozialverträglichen Idee:

»Sie bat uns Erzieher, ihrem zweieinhalbjährigen Kind

nicht mehr zuzumuten, in die Windeln machen zu müssen. Die von uns angebotenen Töpfchen oder eine Toilette mit Aufsatz kamen aber auch nicht infrage, das möge ihre Tochter nicht. Wir sollten einfach ein Handtuch nehmen, auf das sich ihre Tochter dann lege, um darauf Pipi zu machen. Selbstverständlich haben wir das aus hygienischen Gründen abgelehnt. Später erzählte die Mutter, dass es zu Hause nicht beim Pipi blieb: Es war ganz normal, dass das Mädchen, auch in Anwesenheit von Besuchern, alle ›großen Geschäfte‹ auf einem Handtuch unter dem Tisch erledigte. So sei es ihr einfach am liebsten.«

»Mein Kind soll niemals weinen«

Eines ist für Helikopter-Eltern absolut inakzeptabel: Wenn ihr Kind gerügt wird, wenn es eine negative Formulierung ertragen muss oder womöglich ein ganz konkretes NEIN. Wenn es also seinen Willen nicht bekommt. Solche lebenslang wirksamen, traumatischen Frustrationen müssen um jeden Preis vermieden werden.

Ein Erzieher fasst genervt zusammen:

»Frustrationstoleranz, Geduld und Rücksichtnahme sind bei vielen Eltern keine relevanten Größen in der Erziehung mehr. Oder wie es eine Mutter entschuldigend formulierte, die ihr ›Nein‹ sofort zurücknahm, weil ihr Zweijähriges das Gesicht weinerlich verzog: ›Mein Kind soll niemals weinen müssen.‹ Was für ein realitätsferner Anspruch!«

Bitte sprechen Sie positiv

»In der Kita meines Neffen wollte eine Mutter verhindern, dass die Erzieher zu ihrem Kind Nein sagen. ›Nein‹ sei ein negatives Wort, und sie wolle nicht, dass ihr Kind mit so viel Negativem aufwachse.«

Selber Arschloch

»Eine Mutter beschwerte sich erbost bei der Kita-Leitung darüber, dass eine Erzieherin ihren Sohn ›Spielverderber‹ genannt hatte. Er habe sich schlicht nicht an der Gemeinschaftsaktion beteiligen und nicht mitturnen wollen. Gar nicht schlimm fand die Mutter, dass der Kleine zur Erzieherin dabei ›Arschloch‹ gesagt hatte.«

Das Vorschuljahr:
Fördern, bis der Schularzt kommt

Irgendwann kommen die lieben Kleinen ins Vorschulalter. Wenn sie vier oder fünf sind, greifen dann erste politische Maßnahmen, die verhindern sollen, dass benachteiligte Kinder durchs Bildungssystem rutschen. Beim Hamburger Test für Viereinhalbjährige etwa schätzen Erzieher und Schulleiter jedes einzelne Kind ein und erwägen, ob es vielleicht eine zusätzliche Sprachförderung braucht, um in der ersten Klasse mithalten zu können. Und unmittelbar vor der Einschulung prüft ein behördlicher Schularzt, ob sich das Kind konzentrieren kann, dem Alter angemessen spricht und motorisch fit ist. Wer diese Untersuchungen allerdings fürchtet oder gar dafür übt, sind nicht etwa die bildungsfernen Familien, denen diese Tests helfen sollen, sondern: **die ehrgeizigen Mittelstandseltern**. Das wäre natürlich gar nicht nötig, denn sie fördern ihre Kinder schon Jahre vor der Einschulung mit Babyschwimmen und Musikgarten und lesen ihnen jeden Abend vor. Doch mit den Schularztterminen, die als erste »Prüfungen« empfunden werden, kommen den Eltern auch erste Zweifel: Was, wenn Claire-Charlotte ihren komplizierten Vornamen beim Schularzt noch nicht alleine schreiben kann, anders als ihre Freundin, die schlicht Ava heißt? Wenn sie in der Kita den »Scheren-Führerschein« noch nicht gemacht hat? Haben wir genug getan, um Claire-Charlotte einen guten Start in der Schule zu ermöglichen? Doch ob ein Kind später in der

Schule (und erst recht im Leben!) gut zurechtkommt, bemisst sich nicht nur an seinem Wissen, sondern auch daran, ob es selbstständig ist – diesen Punkt unterschätzen die Hubschrauber leider.

Endlosschleife

»Als amtlichem Schularzt werden mir alle Kinder zwischen fünf und sechs Jahren vorgestellt. Viele können schon Zahlen und ihren Namen schreiben, darauf achten die Eltern. Doch kaum ein Kind kann eine Schleife binden, denn die Eltern kaufen lieber Klettverschlüsse oder binden den Kindern die Schuhe selbst zu. Die wenigsten Sechsjährigen haben schon mal allein Brötchen geholt oder Spielkameraden besucht. Die Eltern haben zu große Angst.«

Was lesen die da?

»Eine Mutter aus der Kita erzählte mir, dass sie diverse Comics einer Zeichentrickserie besorgt und ›durchgearbeitet‹ hätte, die bei Fünfjährigen beliebt ist. Sie wollte sichergehen, dass die Inhalte nicht schädlich sind.«

Hoch zu Ross unterwegs

»Ein Kita-Elternabend in Berlin-Wilmersdorf. Es ging um eine dreitägige Gruppenreise für die vier- bis sechsjährigen Kinder auf einen Ponyhof im Umland. Eine Mutter, Anfang 40 und sehr kultiviert, stellte sehr detaillierte Fragen zum Reiseziel. Schließlich

wollte sie wissen, welche Pferde denn zur Verfügung
stünden. Ihre Tochter bekomme schon seit zwei Jahren Reitunterricht, und sie habe nun Angst, dass der
Reitstil leide. Diese Frage konnten wir Erzieher nicht
beantworten. Die Mutter inspizierte deshalb vorab
selbst den Ponyhof, um entscheiden zu können, ob die
Tochter dort Spaß haben könne.«

Sie denken jetzt vielleicht, wenn die Kinder erst in die Schule kommen, wird das schon aufhören mit dem Umsorgen
und Kontrollieren? Von wegen. In der Schule geht's erst
richtig los – doch vorher muss noch **der Schulweg** bewäl-
tigt werden.

Mit Taschenlampe und GPS: Expedition Schulweg

An einem der sehr seltenen wirklich heißen Sommertage in Hamburg wollte seine Schule den Kindern Hitzefrei geben, erzählt ein Pädagoge. Doch leider wurde daraus nichts. Der Grund: Zu viele Schüler waren noch nie allein nach Hause gegangen und kannten den Weg einfach nicht. Laut einer Forsa-Umfrage werden bundesweit zwei von drei Grundschulkindern von den Eltern zur Schule gebracht und abgeholt, meistens mit dem Auto. Das heißt: An einer Schule mit 300 Schülern drängeln sich morgens um acht Uhr um die 200 Autos vor dem Schultor. Dabei sind deutsche Straßen mitnichten gefährlicher geworden. Vielmehr bringen erst die **Elterntaxis** die Kinder in Gefahr, durch waghalsige Wendemanöver, Halten im Parkverbot und Rückwärtsausparken in der Dunkelheit. Und sie gefährden sogar ihren eigenen Nachwuchs, denn: Die meisten Kinder verunglücken im elterlichen Auto – nicht auf dem Fußweg. Und wer immer nur kutschiert wird, lernt auch nicht, sich sicher im Verkehr zu bewegen. Doch darüber machen sich Helikopter-Eltern offenbar keine Gedanken. Für sie zählt nur: Funktioniert der **Peilsender im Ranzen,** und ist das

Auto im Winter ausreichend vorgeheizt für mein Premium-kind?

»Wer so scheiße parkt,
der sollte sich nicht vermehren«

Viele Städte und Gemeinden versuchen inzwischen, die Eltern zu überreden, ihre Autos stehen und ihre Kinder zu Fuß gehen zu lassen. »Jedes Jahr werden in Frankfurt 15.000 Eltern mit eingeschult«, weiß jedoch Rainer Michaelis, Leiter im Straßenverkehrsamt von Frankfurt am Main. Die Eltern müssen also immer wieder neu erzogen werden. Zu diesem Zweck drehte das Frankfurter Verkehrsdezernat einen Aufklärungsfilm, in dem es sogar – zwinkerzwinker – einen echten Hubschrauber auf einem Schulhof landen ließ. Doch das juckt viele Mütter und Väter überhaupt nicht.

Beim Elternabend einer ersten Klasse
Lehrerin: »Wenn Sie Ihr Kind bringen, fahren Sie bitte nicht mit dem Auto auf den Schulhof.«
Gelächter
Lehrerin: »Lachen Sie nicht, ist heute passiert.«

Helikopter sind eh nur die anderen

»Eine Freundin erzählte mir neulich, dass an der Schule morgens immer so viel Verkehr sei und die Eltern ja mit dem Hinbringen im Auto ihre eigenen Kinder gefährden würden. Als ich sie fragte, ob sie ihre Kinder mit dem Rad oder zu Fuß bringen würde, entgegnete sie: ›Mit dem Auto, bei uns geht es ja nicht anders.‹«

Wild parken

»Wir wohnen gegenüber einer Grundschule, deren Kinder fast ausnahmslos mit dem Auto gebracht werden. In dem Wendehammer vor unserem Haus und der Schule besteht Halteverbot. Da aber kein Kind die 20 Meter alleine in das Schulgebäude gehen kann, werden die Kleinen hineingebracht. Das Auto steht derweil im Halteverbot, wir können unseren Parkplatz nicht verlassen. Die Schule hat nun immerhin im Flur einen Querstrich auf den Fußboden gemalt, davor steht geschrieben: ›FÜR ELTERN: BIS HIERHER UND NICHT WEITER‹.«

Andernorts setzen sich Städte, Schulen und manchmal die Schüler selbst mit Vollsperrungen, Flugblättern und der Einrichtung von sogenannten **Elternhaltestellen** gegen die Elterntaxis zur Wehr. Leider häufig ohne Erfolg.

Premiumparkplätze für Premiumkids

»An unserer Schule findet täglich ein Kampf um die

Premiumparkplätze statt. Das sind die, die möglichst nah an der Klasse des Kindes liegen. Um so einen zu ergattern, muss man allerdings mindestens 30 Minuten vor Unterrichtsende da sein. Eine Mutter lässt während dieser Wartezeit bei kühler Witterung sogar den Motor laufen, damit ihr Sohn nicht ins kalte Auto muss.«

Bitte verzichten Sie gänzlich auf Verkehr

»Ich wohne in der Nähe einer Grundschule. Jeden Morgen der gleiche Mist: Viele Eltern haben offenbar in der Fahrschule das Thema »Halten und Parken« verpasst, sodass oft nicht mal der Schulbus durchkommt. Die Krönung sind jene Eltern, die ihre Kinder dann noch – statt auf dem Bürgersteig – mitten auf der Straße in ihre drei Jacken stopfen. Irgendwann ist mir der Kragen geplatzt, und ich habe den Eltern ein Kondom samt Zettel an die Windschutzscheibe geheftet: ›Als kleine Aufmerksamkeit! Wer so scheiße parkt, sollte sich nicht vermehren.‹ Dieser freundliche Rat kommt natürlich eigentlich zu spät, verhindert aber vielleicht ein weiteres Kind, das zur Schule gefahren werden muss.«

Die armen Kinder:
auf dem Arm ins Klassenzimmer

Mit ihren Elterntaxis verursachen Mütter und Väter nicht nur tägliche Verkehrsinfarkte, sondern können ihren Kindern auch in ihrer Entwicklung richtig schaden. Denn sie senden die Botschaft: Allein zur Schule zu gehen, das traue ich dir nicht zu. Die Autofahrt mache die Schüler außerdem müde und passiv, sagt die schwedische Psychologin Jessica Westman. Am besten sei es, wenn Kinder mit Freunden zur Schule kommen, laufen, Rad fahren oder im Schulbus sitzen. Doch das ist für Helikopter-Eltern keine Option. Lieber behandeln sie ihre Schulkinder immer noch wie Babys.

Läuft dein Kind schon?

»Als mein erster Sohn eingeschult wurde, haben wir mit anderen Eltern eine Laufgruppe zur Grundschule gebildet. Vereinbart war, dass in der ersten Zeit abwechselnd immer noch ein Vater oder eine Mutter die Kinder begleiten sollte, also ein Erwachsener für alle Kinder. Als ich als Vater an der Reihe war, musste ich feststellen, dass von allen anderen Kindern auch immer noch jeweils ein Elternteil mitlief. Das Beste war aber, dass ein Mädchen den kompletten Schulweg von 1,5 km Länge getragen wurde – auf dem starken Arm ihres Vaters.«

Hunger, Pipi, Durst

»Wir sehen jeden Morgen einen Vater, der seinen Sohn auf dem Schulweg mit einer Banane füttert. Sie bleiben stehen, der Vater schält die Banane, beugt sich herunter und der Sohn beißt ab. Der Junge geht in die zweite Klasse.«

Morgenkreis

»Die Eltern der ersten Klasse meines Sohnes bringen ihre Kinder jeden Morgen bis auf den Schulhof. Dort gibt es einen gekennzeichneten Pfeiler, an dem die Kinder sich bis acht Uhr aufstellen sollen und bei dem die Klassenlehrerin sie dann abholt und in den Klassenraum bringt. Noch acht Monate nach der Einschulung stellen sich nicht nur 24 Kinder in Zweierreihen auf, nein, um sie herum steht auch jeden Morgen ein Kreis von mehr als 20 Müttern und Vätern, die sie dabei beobachten, die Lehrerin persönlich begrüßen und warten, bis auch das letzte Kind im Gebäude verschwunden ist.«

Winke, winke, winke, winke, winke

»Ein Vater bringt seinen sechsjährigen Sohn jeden Morgen bis an unser Schultor. Es folgt eine circa fünfminütige Verabschiedungszeremonie vor dem Tor. Danach bleibt der Vater noch stehen und beobachtet, wie sein Sohn die letzten 50 Meter zur Eingangstür zurücklegt. Das dauert dann auch noch mal ungefähr fünf Minuten, weil das Kind sich alle paar Meter umdreht und beide sich jeweils 20 Sekunden lang zuwinken und Luftküsse verteilen. Die Kommentare meiner älteren Schüler zu dem täglichen Auftritt behalte ich lieber für mich.«

Stimmt: Man mag sich nicht vorstellen, was das Kind während der Pause von den oberen Jahrgängen an Sprüchen und Blicken zu erleiden hat. Aber das regelt Papi dann sicher auch.

Sohn mit Pforten-Phobie

»Der Sohn eines Freundes hatte nach der Einschulung Schwierigkeiten, sich am Schultor von seiner Mutter zu verabschieden. Er berichtete zudem, er habe Angst vor der Pforte. Also wurde der Junge jeden Tag bis ins Klassenzimmer gebracht und auf seinen Stuhl gesetzt. Nach etwa einem halben Jahr machte der Rektor die Mutter darauf aufmerksam, dass die Eltern die Kinder doch bitte am Schultor verabschieden und den Weg ins Klassenzimmer allein gehen lassen sollten. Das war aber für das Kind nicht zumutbar, also wurde es in einer Privatschule angemeldet. Heute – in der vierten Klasse – ist die Situation unverändert.«

Mit Freunden unterwegs sein, die Gegend erkunden, am Kiosk Süßigkeiten kaufen, Klingelstreiche machen und Geschichten erzählen: All das enthalten diese Eltern ihren Kindern vor. Doch sie wissen offenbar auch, wieso. Eine Lehrerin berichtet:

»Eine Mutter erzählte mir wiederholt bei Elternabenden, dass sie und andere Eltern ihre Kinder von der Schule abholen müssten, denn der circa ein Kilometer lange Heimweg durch unsere idyllische Kleinstadt sei viel zu gefährlich. Auf meine Nachfrage, was sie damit meine, berichtete sie mir von der angeblichen Nierenmafia, die ihrer Meinung nach umherfährt und Kinder einsammelt. Aus diesem Grund dürfe ihr zehnjähriges Kind auch nicht allein auf den Spielplatz.«

Dunkler Schulweg – Eltern ziehen vor Gericht

Ärger um einen Schulweg gab es jüngst auch in Nordrhein-Westfalen: Die Schule eines achtjährigen Mädchens liegt zwar um die Ecke seines Elternhauses, aber der Weg dorthin ist nur schlecht beleuchtet. Aus Sorge um ihr Kind wollten die Eltern deshalb, dass ihre Tochter mit dem Bus fährt – und das Ticket sollte die Gemeinde bezahlen. Der Streit landete mehrmals vor Gericht: In letzter Instanz zeigten die Richter zwar Verständnis für die Sorgen der Eltern, entschieden aber, dass der Schulweg nicht die »Schwelle der besonderen Gefährlichkeit« erfülle. Die Schülerin könne sich laut der Richter beispielsweise mit einer Taschenlampe behelfen.

Rad fahren? Nur im Innenhof und mit Warnweste!

»Eine Nachbarin ist noch sehr spät Mutter geworden und darüber natürlich überglücklich. Leider ist sie auch überängstlich. So wird die inzwischen siebenjäh-

rige Tochter jeden Morgen mit dem Auto zur
200 Meter entfernt liegenden Schule gefahren, zu
Fuß oder mit dem Fahrrad darf sie die Strecke nicht
zurücklegen. Mit ihrem Rad darf sie ohnehin nur in
unserem kleinen Innenhof fahren – und selbst dort
nur ausgestattet mit Helm, diversen Protektoren und
neongelber Warnweste. Die Mutter steht dann immer
nervös daneben oder schaut aus dem Fenster. Ein
absurder Anblick.«

Ein Schulkind, das nur im Hinterhof mit dem Fahrrad fahren darf – und dann auch noch in voller Schutzmontur?
Oje! Aber wer denkt, dass Helikopter-Eltern irgendwann
etwas entspannter werden, der irrt.

Sie werden größer, doch es hört nicht auf
»Ich bin Klassenlehrerin einer 4. Klasse. Dass Eltern
ihren Kindern die Ranzen bis zum Platz tragen, ist
keine Seltenheit.«

Sie werden größer, doch es hört nicht auf, Teil II
»Ich unterrichte in der 5. und 6. Klasse. Einer meiner
Schüler wird täglich von seiner Mutter zur Schule
gebracht – zu Fuß, denn sie wohnen lediglich etwa
300 Meter entfernt.«

Sie werden größer, doch es hört nicht auf, Teil III
»Ich bin Lehrerin an einer Oberschule. Frühmorgens
werden die zehn- bis zwölfjährigen Schüler von ihren

Eltern in die Schule geschafft. Dann unterhalten sich offensichtlich besorgte Eltern noch ungefähr eine weitere Stunde vor dem Schulgebäude – mit Zigarette und mitgebrachtem Kaffee in der Thermoskanne. Unser Direktor hat die Gruppe sogar schon darum gebeten, sich einen anderen Sammelplatz zu suchen. Die Antwort: Sie würden das schon immer so machen. Wenigstens haben sie die Straßenseite gewechselt. Weitere dreieinhalb Stunden später, während der großen Hofpause, stehen dieselben Eltern am Zaun und beobachten ihre Kinder. Den Vergesslichen wird die Pausenverpflegung über den Zaun gereicht. Nachdem die Begutachtung des Nachwuchses abgeschlossen ist und die Schüler nun dem Unterricht allein folgen müssen, gehen die Eltern wieder ihres Weges, um weitere anderthalb Stunden später ihre Kinder sicher von der Schule ins 150 Meter entfernte Zuhause zu begleiten.«

Eltern als Detektive

Ja, doch, auch wenn man es nach diesen Berichten kaum glauben mag: Manche Helikopter schaffen es irgendwann tatsächlich, loszulassen. Und zwar im Wortsinne: Ihre Kinder dürfen sich ohne Mama oder Papa auf den Schulweg machen. Ohne Mama und Papa? Nicht ganz. Einige Eltern spionieren ihren Kindern nämlich hinterher.

Die Bus-Challenge

»Die beiden Grundschulen unserer Kleinstadt haben den Eltern vor der Einschulung nahegelegt, ihre Kinder mit dem Bus fahren zu lassen. Einigen Eltern war dies aber nicht ganz geheuer, sodass sie ihre Kinder morgens mit dem Auto zum Bus brachten, einsteigen ließen und mit dem Auto hinterherfuhren. Mittags dann das umgekehrte Spiel: Obwohl die Kinder von den Schulen verschiedenfarbige Sticker erhielten und Betreuer abgestellt wurden, damit die Kinder ja nicht im falschen Bus landeten, setzten besagte Eltern die Kinder vor dem Schultor in den Bus und verfolgten ihn per Auto, um das Kind an der Zielhaltestelle in den SUV umsteigen zu lassen.«

Kontrollierte Freiheit

»Als unser Sohn die Grundschule bei uns im Dorf besuchte, setzte der Vater eines Klassenkameraden seinen Sohn jeden Morgen vor unserer Tür ab, damit die beiden Jungs den Rest des Schulwegs zusammen gehen konnten. Eigentlich waren die beiden nicht befreundet, der Kontakt erschien den anderen Eltern aber sinnvoll, damit ihr Sohn ein bisschen kontrollierte Freiheit schnuppern konnte. Irgendwann hatten die

beiden Jungen mal Streit, und unser Sohn hatte keine
Lust mehr auf die morgendliche Inszenierung. Der
Vater setzte seinen Sohn am nächsten Tag aber trotzdem wieder vor unserer Tür ab und fuhr dann im
Schritttempo mit heruntergekurbelten Scheiben,
seinen Sohn aufmunternd, neben den beiden her bis
zur Schule.«

»Mama, ich bin umgestiegen – so wie jeden Tag«
»Die Tochter einer Kollegin ist elf Jahre alt und geht
in die sechste Klasse. Um zur Schule zu kommen,
nimmt sie im Dorf den Bus bis zur Straßenbahnhaltestelle und fährt von dort mit der Straßenbahn weiter
zur Schule. Obwohl sie diese Strecke seit Monaten an
fünf Tagen pro Woche zurücklegt, muss sie jedes Mal
nach einer erfolgreichen Um- oder Aussteigeaktion
ihre Mutter auf dem Handy anrufen.«

Anstrengung und Kontrolle statt Freiheit und Vertrauen:
Rund um die Überwachung von Kindern ist mittlerweile
eine ganze Industrie entstanden. Anbieter von kleinen Or-
tungsgeräten, sogenannten GPS-Trackern, verdienen viel
Geld mit überbehütenden Eltern – und schüren deren Angst
noch: »Das Risiko, dass das eigene Kind verschwindet oder
entführt wird, ist sehr gering, dennoch heutzutage leider
keine Seltenheit mehr. Um ein Verschwinden zu verhindern
und zu jeder Zeit zu wissen, Ihr Kind ist in Sicherheit, gibt
es GPS-Tracker für Kinder«, heißt es auf Webseiten, die
Dinge anbieten wie Kinderuhren oder **Armbänder mit Peil-**

sendern, sogenannte **Schutzranzen mit GPS-Trackern** und **Einlegesohlen mit Ortungsfunktion**. Echte Helikopter trauen jedoch nur ihren eigenen Augen. So wie diese Eltern:

Trödel-Trauma

»Unsere Tochter lief im ersten Schuljahr mit einer Gruppe anderer Kinder vom Hort zur Schule. Den Weg von zehn Minuten hatten sie vorher wochenlang in Begleitung der Erzieherinnen geübt. Ein besorgter Vater folgte trotzdem täglich den Kindern und beobachtete, was sein Sohn auf dem Weg machte. Eines Tages rief er mich an und beschwerte sich: ›Deine Tochter trödelt auf dem Schulweg!‹ – ›Äh, und?! Sie kommt immer pünktlich zur Schule, und von einer Verspätung im Hort habe ich auch noch nichts gehört‹, entgegnete ich. Das »Problem«: Sein Sohn sei irritiert gewesen und hätte nicht gewusst, ob er mit der Gruppe weitergehen sollte oder auf meine Tochter warten müsse. Ich bat den Vater, unsere Kinder nicht heimlich zu beobachten. Daraufhin rief er andere Eltern an und bat um Unterstützung.«

Mama ante portas

»Unsere Tochter Ina wurde eines Morgens in der fünften Klasse um 7 Uhr von ihrer Freundin Merle abgeholt, die beiden gingen zur Straßenbahnhaltestelle, die weniger als 500 Meter entfernt liegt. Wenige Minuten später verließ ich selbst das Haus und hörte plötzlich aus einer dunklen Ecke neben unserem

Haus ein ›Guten Morgen!‹. Es war Merles Mutter. Obwohl die Familie keine fünf Fußminuten von uns entfernt wohnt, hatte sie ihre Tochter zu uns gefahren und wollte nun überprüfen, ob die Mädchen tatsächlich gemeinsam in die Straßenbahn einstiegen. Danach rief sie eine Zeit lang ständig morgens bei uns an und fragte, ob sie Ina mit dem Auto mitnehmen solle. Da hatte Merle dann immer entweder eine Erkältung, eine verstauchte Hand oder es war zu kalt oder zu nass. Inzwischen fährt sie ihre Tochter jeden Morgen, ohne dass es einen Grund gibt. Und unsere Tochter fährt allein mit der Straßenbahn zur Schule.«

Aber wer sein Kind allein zur Schule fahren lässt, muss mit öffentlicher Ächtung rechnen:

»Soll dein Kind wirklich verschwinden?«
»Meine zehnjährige Tochter fährt – auch auf eigenen Wunsch – öfter allein von der Grundschule eine Station mit dem Bus und läuft das letzte Stück nach Hause. Auf dem Elternabend der vierten Klasse sagte eine andere Mutter vorwurfsvoll und vor versammelter Elternschaft zu mir: ›Ich habe deine Tochter ganz allein an der Bushaltestelle stehen sehen. Da muss ja nur ein Lkw-Fahrer die Tür aufmachen, und das Kind ist weg!‹«

Aber der Schulweg ist ja nur einer der stressigen Einsatzorte für Helikopter-Eltern. Weiter geht's mit dem Irrsinn, den die Sicherheitsfanatiker täglich **in der Schule** selbst veranstalten.

Große Pause mit Mami: Kampfzone Schule

»Ich unterrichte an einer Grundschule und finde mich inmitten dieses Helikopter-Wahnsinns wieder«, schrieb uns eine Lehrerin. »Am schlimmsten finde ich, dass diese kleinen Schätzchen einfach fehlerlos sein müssen.« Sie spüre **große Ängste aufseiten der Eltern**: die Angst, es nicht gut zu machen, die Angst, nicht genug zu fördern, die Angst, schlechte Gene weitergegeben zu haben, sodass das Versagen der Kinder auf die Eltern zurückfalle. Deshalb würden ständig Einsen eingefordert, koste es, was es wolle. »Das ist fern jeder Vernunft und Realität«, so die Lehrerin. Längst haben auch Unternehmen bemerkt, wie sich mit dem Förder- und Kontrollwahn der Helikopter-Eltern Geld machen lässt. So gibt es Deutsch-, Mathe-, Englisch- und Biologiebücher – für Eltern: »Was Sie wissen müssen, um ihr Kind zu unterstützen«, steht auf dem Cover. Vielen Eltern reicht das jedoch nicht. Sie müssen alles kontrollieren – am liebsten natürlich persönlich vor Ort: wie viele Lagen das Toilettenpapier auf der Schultoilette hat, mit wem ihr Kind in den Pausen spielt, wie oft es während des Unterrichts geniest hat. Im vergangenen Herbst musste die Bundesnetzagentur den Verkauf von Kinderuhren mit Abhör-funktion verbieten. Der Präsident der Bundesbehörde begründete diesen Schritt folgendermaßen: »Nach unseren Ermittlungen werden die Uhren von Eltern zum Beispiel auch zum Abhören von Lehrern im Unterricht genutzt.«

»Sie dürfen in diesem Schuljahr weder krank noch schwanger werden!« Elternabende

Elternabende sind nicht nur für die gelasseneren Mütter und Väter ein **Ritual des Grauens**. Auch Klassenlehrer haben richtiggehend Angst vor ihnen. Schließlich dienen die Treffen heutzutage vielen Helikopter-Eltern nur noch dazu, den Lehrern individuelle Anweisungen zu erteilen. »Als Schulleiterin habe ich allein in den ersten Wochen des Schuljahrs spannende Erlebnisse gehabt«, berichtete uns eine Pädagogin. »Eine Mutter hat mir ihre Arbeitszeiten mitgeteilt. Ich möge den Elternabend auf einen Abend legen, der auch in ihren Zeitplan passt.«

Mutterwahn

»Vor der Einschulung fand ein Infoabend für die Eltern
statt. Kurz vor Beginn kam eine Mutter in den desi-
gnierten Klassenraum ihres Sprösslings und begann,
ohne ein Wort zu sagen, den Raum mit Schritten zu
vermessen. Die künftige Klassenlehrerin ging auf sie
zu, stellte sich vor und fragte, ob sie helfen könne.
Daraufhin sagte die Mutter, ihr Sohn glaube, er sei ein
Dinosaurier, und dass sie nur mal gucken wolle, ob er
in den Klassenraum überhaupt reinpasse mit seinem
Schwanz.«

Andere Eltern prüfen nicht nur den Raum, sondern auch
die künftige Klassenlehrerin auf Herz und Nieren, und zwar
wortwörtlich, wie diese Pädagogin erfahren musste:

»Auf dem ersten Elternabend meiner aktuellen Klasse
wurde ich peinlich genau befragt, wie meine Familien-
planung aussähe. Ihre Kinder hätten eine wichtige
Prüfung vor sich, meinten die Eltern, da dürfe ich
nicht krank oder schwanger werden.«

Schwanger? Was fällt Ihnen ein???

»Meine Frau ist Grundschullehrerin. Als sie schwanger
wurde, war sie gerade Klassenlehrerin einer vierten
Klasse. Beim Elternabend teilte sie mit, dass sie noch
vier Monate da sei und dann in Mutterschutz und
Elternzeit gehe. Die erste lautstarke Reaktion kam
von dem Vater einer Schülerin, der im Vorstand eines

73

Großkonzerns arbeitet: ›Was fällt Ihnen ein, ausgerechnet jetzt schwanger zu werden, in der für den Übergang zur weiterführenden Schule entscheidenden Phase unserer Kinder?‹«

Ein Vater bemerkte beim Elternabend einer vierten Klasse:

Controlling
»Wenn die Klasse ein Unternehmen wäre, dürfte sie auch nicht drei Wochen hinterherhängen.«

Allerdings erwarten Helikopter-Eltern von Schulen längst nicht nur das hindernislose Fortkommen ihrer Kinder. Nein, Lehrer sind auch verantwortlich für das allzeit perfekte physische und psychische Wohlergehen ihrer Schüler. Dafür müssten sie doch nur hier und da mal eine Sonderaufgabe erfüllen oder ein Auge zudrücken. Muss doch möglich sein, oder?

Zu müde für die Hausaufgaben
»Beim Elternabend einer ersten Klasse fragte eine besorgte Mutter, ob die Kinder die Hausaufgaben wirklich bis zum nächsten Schultag erledigen müssten. Sie wolle das ihrem Sohn nicht zumuten, wenn er um 13 Uhr so müde aus der Schule käme. Er solle genügend Zeit zum Ausruhen haben.«

Wie ist die Lage?
Eine Mutter kam beim Elternabend zur Einschulung auf

das Wesentliche des Schulbesuchs zu sprechen:
»Ist das Toilettenpapier in der Schule zwei- oder drei-
lagig?«

Geschmacksfrage

»Auf einem Elternabend meiner dritten Klasse bat
mich eine Mutter darum, für ihr Kind einen Kasten
Wasser im Klassenzimmer deponieren zu dürfen. Der
Junge würde sonst zu wenig trinken. Ich entgegnete,
dass wir keinen Platz mehr im Raum hätten, wenn
mehrere Familien dies tun würden. Daraufhin hatte die
Mutter einzuwenden, dass es ja nur um ihren Sohn gehe. Eine große Wasserflasche sei zu schwer für ihn –
und auf meine Nachfrage hin: Eine kleinere Flasche
immer wieder am Wasserhahn aufzufüllen sei auch
nicht möglich, da das Wasser aus der Schule ihm nicht
schmecke. Ob ich nicht wisse, dass viel trinken wichtig sei?«

Neben Essen und Trinken ist auch die Sitzordnung ein häufig heiß diskutiertes Thema.

Eine Wochenstunde Wellness

»Beim Elternabend zu Beginn der dritten Klasse meines Kindes stellte die Lehrerin eine neue Sitzordnung
vor. Es solle in diesem Schuljahr viele Projekt- und
Gruppenarbeiten geben, daher werde es Gruppentische
geben, sagte sie. Ein Elternpaar empörte sich jedoch
über die Sitzhaltung, die das Kind eventuell einnehmen

müsse: Es säße dann ja nicht mehr frontal zur Tafel. Die Lehrerin erklärte, dass es ja auch keinen Frontalunterricht mehr gebe und der Blick zur Tafel durch einfaches Drehen des Kopfes gewährleistet sei. Das sah das Elternpaar nicht ein und forderte einen Physiotherapeuten, der die Kinder einmal die Woche massieren sollte. Die Diskussion artete derart aus, dass am Ende tatsächlich abgestimmt wurde, ob wöchentlich eine Unterrichtsstunde geopfert werden sollte, damit ein Physiotherapeut an die Schule kommen kann. Ich stimmte als Einzige dagegen, und damit war die Sache geklärt, denn nur eine Gegenstimme reichte aus, um einen Unterrichtsausfall zu verhindern. Von dem Tag an galt ich als schlimmste Rabenmutter, total verantwortungslos.«

Telefonkette für 16-Jährige

»Wie an jeder Schule kommt es auch bei meinem Sohn mal vor, dass die eine oder andere Stunde ausfällt. Die Kinder – inzwischen 15 bis 16 Jahre alt – haben es sich zur Gewohnheit gemacht, die Stunde zusammen zu verbringen. Mal spielen sie Tischtennis oder fallen in den örtlichen Einzelhandel ein. Natürlich erfährt man als Eltern nicht immer, wenn eine Stunde ausgefallen ist. Beim Elternabend forderten nun einige Mütter und Väter die Lehrer auf, sie per E-Mail, WhatsApp oder Telefonkette über eventuelle Freistunden zu informieren, da sie nicht möchten, dass ihre Kinder ›allein durch die Ortschaft rennen‹.«

»Bitte reservieren Sie ein Einzelzimmer für mich – ich komme mit!« Ausflüge und Klassenfahrten

Helikopter-Eltern werden so genannt, weil sie ständig über ihren Kindern kreisen – jederzeit bereit, zu landen, zu helfen und kleinste Hindernisse aus dem Weg zu räumen. Doch was, wenn ihr Lebensmittelpunkt mal nicht in der Nähe ist, weil zum Beispiel eine Klassenfahrt – mit, Achtung: ÜBERNACHTUNG – ansteht? Einige Eltern bekommen allein beim Gedanken daran schwitzige Hände und Herzrasen. Denn: Überall, ja wirklich überall, lauern Gefahren. Selbst schnöde Tagesausflüge oder Klassenfeste müssen daher strenger geplant und überwacht werden als ein G-20-Treffen.

Anreise zum Bauernhof = Lebensgefahr
»Die Grundschulklasse meines Sohnes hatte einen Tagesausflug auf einen Bauernhof geplant. Sie sollten dort mit Bus und Bahn hinfahren, was für die Kinder natürlich ein Abenteuer ist. Für die Mutter eines Mädchens aus der Klasse kam diese Form der Anreise je-

doch nicht infrage: viel zu gefährlich! Sie charterte
daher einen Reisebus, der die Kinder morgens an der
Schule abholte, zum Bauernhof fuhr und am Nachmittag wieder zurückbrachte.«

Bauernhof = Lebensgefahr
»Mit meiner Klasse unternahm ich einen Ausflug auf
einen Bauernhof. Ein Kind durfte jedoch nicht mit:
Die Mutter hatte gelesen, dass Hühner die Hühner-
grippe haben können, und sie hatte Angst, dass ihr
Kind sich ansteckt.«

Schwitzen = Lebensgefahr
»Eine Mutter aus der Grundschulklasse meiner Tochter
erlaubte nicht, dass ihre Tochter zum Klassenausflug
mitkam. Ihre Sorge: Das Mädchen könnte schwitzen
und dadurch krank werden.«

Sind die Kinderlein schließlich gesichert wie ein Geldtrans-
port zum Ort des Geschehens verfrachtet worden, lauern
dort auch schon die nächsten Gefahren:

Alles klinisch sauber?
»Als mein Kind in der fünften Klasse war, haben die
Eltern ein Grillfest für sich und die Schüler organisiert.
Dafür wurde eine städtische Grillhütte angemietet.
Allerdings befürchteten einige Eltern, dass die Be-
diensteten der Stadt nicht penibel genug wären und
nicht genau kontrollierten, ob der fest installierte

Grill an der Hütte nach Gebrauch auch ordnungsgemäß gesäubert wurde. Daher beschlossen sie, dass jede Familie ihren eigenen Grill mitbringen sollte.«

Vorsicht, Natur – Betreten verboten!

»Wir wohnen in einer Kleinstadt auf dem platten Land. Ich war damals Elternvertreter in der vierten Klasse meines Sohnes. Auf einem Elternabend besprachen wir das Abschlussfest der Grundschule. Es gab den schönen Vorschlag, auf einer Wiese im Nachbardorf zu zelten, mit Lagerfeuer, Spielen und gemeinsamem Grillen. Neben der Wiese liegt ein kleiner flacher See. Einige Eltern forderten, diesen See aus Sicherheitsgründen mit Bauzäunen abzusperren, da es ja passieren könne, dass ihre zehnjährigen Kinder nachts beim Gang zur Toilette in den See fallen. Die Toiletten waren zwar auf der dem See abgewandten Seite, der See am Ufer vielleicht 30 cm tief, und die Zelte hätten 10 Meter entfernt gestanden. Da die betreffenden Eltern jedoch nicht nachgaben, haben wir dieses lebensgefährliche Unterfangen dann abgesagt und eine Übernachtung in einer Turnhalle organisiert.«

Dieser Vater hat es übrigens kurz darauf aufgegeben, in den Elternvertretungen seiner Kinder mitzuarbeiten. Der Grund: »die oftmals absurden Vorstellungen und Forderungen von Miteltern«.

Selbst Teenager werden noch auf Schritt und Tritt überwacht.

Verschollen in der Pampa

»Mit zwölfjährigen Schülern wollten wir eine Tour durch die Schorfheide machen. Wir trafen uns morgens auf einer idyllischen Waldlichtung mitten in der Pampa. Nach einem ›Guten Morgen!‹ die erste Frage an die Kids: ›Und? Wie ist der erste Eindruck?‹ Schweigen. Nach einer kurzen Pause eine Antwort: ›Kein Netz.‹ Weiterer Kommentar: ›Die Ortssuche auf meinem Handy funktioniert nicht, und meine Eltern wissen jetzt nicht, wo ich bin.‹«

Schulausflug am Geburtstag? Geht gar nicht!

»Ich bin Lehrerin an einer Grundschule. Einer unserer Klassenausflüge fiel auf den Geburtstag einer Schülerin. Das Mädchen hatte zufälligerweise auch im Jahr zuvor während unserer Klassenfahrt Geburtstag gehabt, und wir Lehrkräfte hatten alles darangesetzt, ihr einen schönen Geburtstag zu bereiten – was uns auch gelungen war. Als nun dieser halbtägige Ausflug für alle vierten Klassen anstand, der übrigens bereits um 13:30 Uhr enden sollte, erhielt ich eine schriftliche Aufforderung der Eltern des Mädchens: Da das Kind ja Geburtstag habe, solle ich ihren Vater mitnehmen.

Zugleich bekam ich Nachrichten, dass auch die Mutter eines anderen Kindes an dem Ausflugstag Geburtstag hatte und daher mitkommen wollte, ebenso wie die Eltern eines Kindes, das sich aktuell in einer schwierigen psychischen Verfassung befand, sowie ein paar weitere Mütter und Väter, die einfach Lust hatten, uns zu begleiten. Die Auswahl der Begleitpersonen fiel mir nicht leicht, und ich entschied mich für ein Losverfahren, um möglichst niemanden zu benachteiligen. Der Vater des Geburtstagskindes war nach der Auslosung nicht dabei. Da ich wusste, wie wichtig ihm der Termin war, schrieb ich sogar einen Brief an diese Eltern, in dem ich anbot, ihn als Springer spontan einzusetzen, falls jemand ausfalle. Von den Eltern des Geburtstagskindes erhielt ich daraufhin folgenden Brief:

›Sehr geehrte Frau M.,

nicht nur, dass Sie für den Ausflug erneut den Geburtstag unserer Tochter gewählt haben. Jetzt sind Sie nicht einmal bereit, ihren Vater mitzunehmen! Mit ein bisschen Verständnis Ihrerseits wäre das machbar gewesen! Und überhaupt kommt es auf eine Person mehr oder weniger ja auch nicht an!‹

Am Ende erkämpfte sich der Vater doch noch seine Mitfahrt: Er tauschte mit den Eltern des psychisch labilen Kindes, die ich aus pädagogischen Gründen tatsächlich gern beide dabeigehabt hätte. Aber bei begrenzter Platzanzahl im Bus kommt es eben doch ›auf eine Person mehr oder weniger‹ an.«

Auch die nun folgende Lehrerin bekam von wütenden Eltern einen Brief. Ihr Vorhaben: Sie wollte für ihre Klasse eine Lesenacht in der Schule organisieren, die Kinder sollten in der Schule übernachten. Was für die Schüler ein

Riesenspaß zu werden versprach, war aus Sicht dieser Eltern allerdings nur eine »abstruse Idee«. Auszüge ihres Pamphlets an die Pädagogin:

> »Aus mehreren Gründen wird XY nicht an dieser Veranstaltung teilnehmen. Zum einen finden wir es eine Zumutung, dass unsere Tochter auf dem Boden schlafen soll, wo sie doch zu Hause ein anatomisch perfektes Bett besitzt. Wir haben keine Isomatten, werden dafür auch keine anschaffen. Des Weiteren finden wir es eine Zumutung für eine Achtjährige, dass sie das ganze Zeug in die Schule transportieren soll.
> Zur Nacht selbst: Können Sie uns garantieren, dass XY um 20:00 Uhr im Bett liegt, Licht aus und Ruhe? Das ist nämlich die Zeit zu Hause, und an dieser Routine werden wir auch nichts ändern. Das Kind muss am nächsten Tag etwas leisten und daher ausgeschlafen sein. Außerdem kommen wir am Dienstag erst gegen 18:30 Uhr vom Bratschenunterricht nach Hause. Danach findet gar nichts mehr statt außer Abendessen, waschen und ins Bett.
> Und zuallerletzt finden wir es eine Zumutung, in welchem Maße Sie in unser Privatleben eingreifen. Das ist unsere knapp bemessene Freizeit, die wir nicht für so einen Schmarrn opfern.«

Und so liegt dieses arme Bratschen-Mädchen jeden Tag zur selben Zeit in seinem anatomisch perfekten Bett und liest bei anatomisch korrektem Lichteinfall die Abenteuer der

Kinder aus Bullerbü, die für sie so unvorstellbar und weit entfernt sind wie der Mond.

Und jetzt stellen Sie sich mal vor, es geht auf **Klassen-fahrt**. Der Albtraum für alle Helikopter-Eltern! Und für die Lehrerinnen und Lehrer. Los geht's beim **Packen**, das so penibel geplant und durchgeführt wird, als ob es um die überlebenswichtige Ausrüstung für eine Everest-Besteigung ginge.

Definiere »Süßes«

»Elternabend vor einer Klassenfahrt. Laut Infoblatt dürfen die Kinder ›was zum Knabbern oder was Süßes‹ mitnehmen. Eine Mutter führt ihre Überlegungen hierzu aus: Was ist damit gemeint? Eine Dose Pringles? Keinesfalls jedoch eine andere Chipssorte, da die Pringles-Verpackung wiederverschließbar ist. Vielleicht hat aber ein anderes Kind mengenmäßig mehr mit? Das möchte sie vermeiden, da ihr Kind sonst sauer wird. Zudem ist eine Wanderung im Wald angekündigt, zwischen Mittag- und Abendessen. Ob die Kinder diese wohl ohne Nahrungsaufnahme überstehen?«

Geht das noch mit rein?

»Als mein Sohn 16 Jahre alt war, machte er eine Klassenfahrt nach Großbritannien. Ein Elternpaar fragte vorher bei der Klassenleitung an, ob ihr Sohn ein TV-Gerät für seine Playstation mitnehmen könne. Ein ganz kleines.«

Bloß nichts falsch machen!

»Ich fuhr mit meiner 8. Klasse auf Klassenreise. Die Mutter einer Schülerin rief vorher x-mal an. Dann wollte sie noch wissen, ob das Kind einen Badeanzug einpacken müsse, und war total empört, dass ich sonntags nicht erreichbar war.«

Lehrer sind nämlich allzeit bereite Wesen mit Krakenarmen. Warum? Damit sie immer mit (an-)packen können, wie dieser Lehrer weiß:

Mami, ich pack das nicht.

»Wir wollten mit einer 7. Klasse zum Skilaufen nach Südtirol fahren. Auf dem vorbereitenden Elternabend fragte eine Mutter uns Lehrer: ›Wer packt denn zum Abschluss der Woche die Taschen der Kinder?‹«

Andere Eltern trauen ihren Kindern zwar das Packen zu, wollen aber auf Nummer sicher gehen:

»Am besten, wir fotografieren vor der Klassenreise jedes Kleidungsstück, drucken die Bilder aus, heften sie zusammen und legen sie in die Koffer. Die Kinder können dann beim Packen alles abhaken.«

Nach dem Packen ist jedoch leider erst: vor der **Anreise**. Was das an Strapazen bedeutet, wissen auch nur Helikopter-Eltern.

»Sind wir bald da?«

»Die 6. Klasse meiner Tochter sollte von Berlin aus ins 570 Kilometer entfernte Xanten auf Klassenreise fahren. Drei der 32 Eltern fanden allerdings, dass man den Elfjährigen keine sechsstündige Busfahrt zumuten könne. Die Reise wurde daraufhin tatsächlich gecancelt. Nun fahren die Kinder nach Brandenburg. Dort ist es zwar auch hübsch, es gibt bloß keine römischen Ausgrabungen.«

Escortservice

»16-jährige Schüler unseres Freiburger Gymnasiums wollten für eine Woche nach Italien auf Klassenreise fahren. Auf dem Elternabend davor schlug eine Mutter vor, mit ihrem privaten Pkw hinter dem Bus herzufahren. Ihr Argument: Ein Kind könne während der Fahrt erkranken. Die Route ging von Freiburg aus quer durch die Schweiz in die Cinque Terre.«

Wenn alle Sicherheitsvorkehrungen getroffen sind, dürfen die Schüler schließlich losfahren. Doch nicht alle Eltern lassen sich ihre Angst nehmen. So ließ ein Elternpaar seinen Sohn nicht mit auf Klassenreise nach Kappeln an der Schlei in Schleswig-Holstein fahren. Begründung: die zunehmende Terrorgefahr. Ja, schon wahr: Kappeln ist ein gefürchteter Hotspot des internationalen Terrors.

Wer sich trotz aller Widrigkeiten dazu durchringen konnte, sein Kind in den Bus zu setzen, steht vor der nächsten Hürde: **ständige Erreichbarkeit** während der Reise. Die

Frage ist nicht, ob, sondern wie halten Helikopter-Eltern zu ihren Kindern Kontakt?

»Wie ist der Busfahrer zu erreichen?«

»Elternabend vor einer Klassenfahrt nach Großbritannien. Alle Infos waren ausgetauscht, ebenso die wichtigen Telefonnummern: die des Unternehmens, welches die Reise organisierte, die der Gastfamilien, der Lehrerin und so weiter. Ein Elternpaar – natürlich waren beide bei dem Termin anwesend – erkundigte sich bei der Klassenlehrerin zudem noch nach der Mobilfunknummer des Busfahrers.«

Jeden Abend Telefonkette

»Ich bin Klassenlehrerin einer vierten Klasse. Bevor wir im Spätsommer auf Klassenreise fuhren, trugen einige Helikopter-Eltern folgende Bitte an mich heran: Ich sollte von der Jugendherberge aus jeden Abend eine Telefonkette starten, damit die Eltern täglich sichergehen könnten, dass es ihrem Kind auch wirklich gut gehe.«

Die Verzweiflung einer Mutter

»Wir machten mit einer 6. Klasse einen Zeltausflug: 24 Schüler, zwei Lehrer, zehn Kilometer von der Schule entfernt, eine Übernachtung. Gegen 22:00 Uhr wollten wir Lehrer schlafen, doch es wurde nicht ruhig. Also gingen wir herum und sammelten – wie vorher angekündigt – die Handys ein. 20 Minuten später hatte ich schon drei Nachrichten von besorgten Müttern erhalten, deren Prinzen nicht mehr erreichbar waren und die sich solche Sorgen machten. Eine war bereits völlig verzweifelt und überzeugt, dass ein Unglück geschehen sei.«

Nicht nur Schüler kleben an ihren Handys – für manche Eltern ist es mindestens genauso wichtig, dass ihr Kind jederzeit Signale senden und empfangen kann. Auf einem Elternabend in der vierten Klasse ging es um die bevorstehende viertägige Klassenreise:

Lehrerin: »Handys bleiben bitte zu Hause.«
Eltern: »Unsere Tochter benötigt dringend ihr Handy, da sie uns jeden Abend anrufen muss, um zu erzählen, ob es ihr gut geht.«
Lehrerin: »Das muss nicht sein. Sollte es Ihrem Kind schlecht gehen, werde ich mich schon bei Ihnen melden.«
Eltern: »Können Sie uns dann nicht wenigstens jeden Abend kurz Bescheid geben, dass alles okay ist?«
Lehrerin: »Nein. Ich melde mich nur, falls etwas nicht okay ist.«

Epilog: Es ist übrigens nichts passiert, und das Kind hat die vier Tage offenbar sehr genossen. Über den Zustand der Eltern hingegen ist nichts Genaues bekannt.

From my window to yours

»Es ging auf Klassenfahrt in eine Jugendherberge auf die Nordseeinsel Spiekeroog. Die Mutter eines Mädchens wollte auf dem Elternabend davor auffällig genau wissen, wo genau in der Jugendherberge die Kinder untergebracht sind. Hintergrund: Sie hat allen Ernstes versucht, ein Zimmer auf der Insel in Sichtweite des Herbergszimmers ihrer Tochter zu buchen.«

Schlaf, Kindlein, schlaf

»Ich war zehn Jahre lang Elternvertreter. Was ich in dieser Zeit erlebt habe, hatte teilweise groteske Züge. Am krassesten war der Fall einer Mutter, die ihr Kind tatsächlich auf eine dreitägige Klassenfahrt begleitet hat. Die Begründung: Es könne nicht allein schlafen.«

Dieser Vater fügte noch hinzu: »Ich möchte heute nicht Lehrer sein.« Und tatsächlich: Als ob Klassenreisen für Lehrkräfte nicht schon anstrengend genug seien – wenig Schlaf, viel Verantwortung, viel Lärm –, setzen überbesorgte Eltern gern noch eins drauf. Mit ihren **Extrasondersonderspezialwünschen**.

Fix it, teacher!

»Am ersten Abend der Klassenreise meldete sich eine Mutter bei mir: Mit der Speicherkarte des Fotoapparats ihrer Tochter stimme etwas nicht. Ich solle bitte nachschauen und sofort Bescheid geben, falls eine neue Speicherkarte gebraucht würde. Sie könne dann direkt am nächsten Tag mit dem Auto vorbeikommen und eine Karte mitbringen. Das Kind könne ja sonst keine Erinnerungsfotos von der Fahrt machen, und das wäre doch sehr traurig.«

Mindestens genauso traurig ist es, wenn Kinder während einer Klassenfahrt nicht ständig ihre drei Leibgerichte aufgetischt bekommen. Einige Eltern reagieren darauf mit krassen Konsequenzen.

Mein Kind ist ein Gourmet

»Klassenfahrt mit 14-jährigen Schülern: Ein Junge darf nicht mit. Warum? Der Teenager mag nur Pommes und Chicken Nuggets, und die wird es auf der Klassenfahrt sicher nicht ständig geben.«

Keine fremde Küche!

»Mit Siebtklässlern wollten wir für drei Tage in ein Schullandheim fahren. Eine besorgte Mutter teilte mir mit, dass ihr Sohn auf keinen Fall mitkommen könnte. Der Grund: Sie könne sich keine fremde Küche für ihren – durchaus kräftigen – Sohn vorstellen. Zudem gebe es vermutlich nur Wasser zu trinken, was ihr Sohn aber nicht möge.«

Welches Kind retten Sie zuerst?

»Vor ein paar Jahren fuhren wir mit einer Grundschulklasse auf eine ostfriesische Insel. Auf dem Elternabend vor der Klassenreise fragte mich ein Elternpaar tatsächlich, welches Kind ich retten würde, wenn das Schiff sinke. Ich antwortete: Das Kind, dessen Eltern mir vorab am meisten bezahlen. Doch auch Humor konnte diese Eltern leider nicht beruhigen.«

»Sie müssen verstehen, mein Sohn ist Steinbock.« Absurde Forderungen von Eltern

Jeden Tag gibt es tausend Gründe, weshalb Helikopter-Eltern die Lehrer ihrer Kinder zurechtweisen oder ihnen ein »mangelhaft« ins Zeugnis schreiben müssen: Weil die Sitzplätze ausgelost wurden und der Sohn jetzt nicht mehr neben seinem besten Freund sitzen darf. Weil das Mittagessen in der Kantine nicht so gut geschmeckt hat. Weil das Kind beim Fußball nicht im Tor stehen durfte. Weil, weil, weil. Woher die Eltern überhaupt Kenntnis von solchen Kinkerlitzchen haben? Sie sind ständig präsent und spionieren – auch auf dem Schulgelände.

Lehrkräfte über Eltern im Klassenzimmer:
»Eltern stehen bei uns täglich in Gruppen vor den

Klassen und tauschen sich über Lehrer, Hausaufgaben, Arbeitsmaterial, Klausuren und andere Kinder aus. Zwar sind sie dank WhatsApp eh immer top informiert, aber doppelt hält offenbar besser.«

»Mehrmals pro Woche bringen Eltern vergessene Pausenbrote, Sportsachen und so weiter direkt in das Klassenzimmer und stören so den Unterricht.«

»In der 8. Klasse habe ich eine Schülerin, deren Mutter jeden Morgen mit in den Raum kommt, die Fenster öffnet und beim Auspacken hilft. Den Rucksack trägt das Mädchen selbstverständlich auch nie selbst.«

»Wir haben mittlerweile die Regel, dass die Kinder allein das Schulhaus betreten sollen. Diese Regel ist bei manchen Eltern aber kaum durchzusetzen. In meiner Klasse gibt es regelmäßig drei bis vier Eltern, die mit reinkommen, dem Kind die Schuhe ausziehen, den Ranzen vor die Klasse stellen und dann noch mit den Kindern Pipi machen gehen. Warum? Und was hat ein erwachsener Mann auf einem Jungenklo zu suchen?«

Ist der Unterricht vorbei, geht das Spiel von vorne los:

»Nach Schulschluss stehen Eltern gruppenweise in der Aula oder direkt vor den Klassenzimmern, um ihrem

Kind sofort den Schulranzen abzunehmen, die Jacke zu suchen und anzuziehen. Das passiert auch noch bei zehnjährigen Kindern.«

»Haben die Kinder noch wichtige Termine wie Reiten, Schwimmen oder Musikschule, holen die Eltern sie auch gern vor dem Unterrichtsende aus der Klasse.«

Okay, so viel dürfte klar geworden sein: Es gibt viele Eltern, die ihre Kinder bis zum Klassenzimmer bringen und von dort wieder abholen. Manche gehen aber noch weiter. Es gibt Eltern, die sich während der Schulzeit auf dem Pausenhof herumtreiben.

Mama im Busch

»Das Beste, was ich seit etwa zwei Monaten erlebe, ist eine Mutter, die einfach nicht heimfährt. Sie bleibt auf dem Schulgelände und observiert ihren Sohn. In der Pause versteckt sie sich hinter Büschen und späht von dort auf den Schulhof, um sicherzugehen, dass ihm ja kein Unrecht geschieht. Einmal bin ich auf sie zugegangen, da hat sie sich hinter dem Busch zusammengekauert, in der Hoffnung, dass ich sie nicht sehe. Da hat sie mir fast leidgetan.«

Solche Szenen spielen sich auch an anderen Schulen ab:

»An der Grundschule unseres Sohnes gibt es Eltern,

die offenbar nichts anderes zu tun haben, als vormittags am Schultor zu stehen und aufzupassen, dass es ihren Kindern in der Pause gut geht.«

»Beim Elternabend der ersten Klasse wurden die Eltern darum gebeten, mittags nicht mehr in die Schülermensa zu kommen, um ihren Kindern das Essen klein zu schneiden.«

»Als sein Kind in der ersten Klasse war, hat sich ein Vater tagelang morgens vor dem Klassenzimmer in die Garderobe gesetzt und blieb dort, bis die Schule zu Ende war. So konnte er in der Pause sein Kind herzen und gegebenenfalls trösten.«

»Ein Vater sitzt regelmäßig im Auto auf der Straße vor dem Schulhof und beobachtet das Verhalten der Kinder seinem Sohn gegenüber. So wäre er rechtzeitig zur Stelle, um einzugreifen.«

»20 Schüler spielen in der Pause Fußball und kämpfen um den Ball. Eine Mutter steht am Rand des Fußballfeldes und möchte, dass ihr Kind auch mal ins Tor darf.«

Und wenn die Eltern nicht physisch vor Ort sein können – schnief! –, schicken sie Nachrichten.

<3 <3 <3

»In meiner ersten Klasse sitzen Erstklässler mit Smartphones, die im Unterricht von ihren Eltern WhatsApp-Nachrichten bekommen.«

Manchmal müssen Helikopter-Eltern übrigens die Rolle der Lehrer einnehmen. Das nervt dann auch die Mitschüler.

Eine Schülerin erzählt:

»Zu meiner Grundschulzeit waren Pokémon-Sammelkarten aktuell, und unsere Klasse sammelte und tauschte mit Begeisterung. Eines Tages tauchte die Mutter einer Klassenkameradin vor Unterrichtsbeginn im Klassenzimmer auf, stellte sich vor uns und verkündete, niemand aus der Klasse dürfe mehr Pokémon-Karten mitbringen. Der Grund: Ihre Tochter habe Albträume, hervorgerufen durch die angeblich brutalen Karten. Als sie gerade unsere Karten einkassieren wollte, kam unsere Klassenlehrerin und forderte die Mutter auf, ihr doch bitte die Regie zu überlassen. Nachdem die Mutter gegangen war, beichtete ihre Tochter, dass die Albträume ein Resultat des Horrorfilms gewesen seien, den ihre Brüder mit ihr geschaut hatten. Mit dem harmlosen Kartenspiel hatte das nichts zu tun.«

Big Papa is watching you

»Der Vater eines Erstklässlers steht regelmäßig vor dem Klassenzimmerfenster und beobachtet den

Unterricht der Kollegin. Von dieser angesprochen, was das solle, meinte er: ›Ich möchte nur schauen, ob mein Kind auch integriert ist.‹«

Elternpraktikanten

»Ich unterrichte an einer Oberschule. Dort gab es eine Elterngruppe, die sich bereits einen Hospitationsplan zurechtgelegt hatte: Jedes Elternteil sollte einmal im wöchentlichen Wechsel im Unterricht bei uns Lehrern hospitieren. Das lehnten wir im Kollegium ab.«

Wer sich umhört unter Lehrern, stellt fest: Viele können von solchen und anderen bizarren Begebenheiten erzählen. »Das mag für Nicht-Lehrer alles sehr amüsant erscheinen«, sagte eine Lehrerin, »ist meiner Meinung nach jedoch eine große Gefahr für die Gesellschaft. Die Kinder solcher Eltern sehen nur noch sich. Andere Kinder, die so erzogen wurden, dass sie Dinge aushalten, sich auch mal zurücknehmen und an die Gruppe denken, leiden darunter.« Und natürlich **leiden auch die Lehrer**. Und zwar nicht in erster Linie unter ständigem Lärm im Klassenzimmer oder rotzfrechen Schülern. Sie leiden unter Eltern, die abwegige Forderungen stellen, aberwitzige Beschwerden anmelden – und dabei vor lauter Angst und Sorge um ihre Kleinen den Lehrern gegenüber ständig **Grenzen überschreiten**.

Heul!

»Am ersten Schultag meiner Tochter hat eine Mutter vor der ganzen Klasse inklusive der Eltern geweint, weil ihr Sohn ›der falschen Klasse‹ zugeteilt worden und sein bester Kindergartenfreund in der Parallelklasse gelandet war. Dass der Sohn sich bereits mit seinem neuen Sitznachbarn angefreundet hatte und ihm die Szene sichtlich peinlich war, war der Mutter egal. Der zweite Heulkrampf kam dann, als die Eltern sich für zwei Schulstunden von ihren Kindern verabschieden mussten.«

Schnief!
»Eine Mutter rief in der ersten Pause im Sekretariat unserer Grundschule an und wollte mich sprechen. Kollegen holten mich vom Kopierer weg, und ich eilte zum Telefon. Die Mutter wollte von mir wissen, wie oft ihr Sohn in den ersten beiden Schulstunden geniest habe.«

Bibber!
»Ich bin Lehrerin an einer Realschule. Eine Mutter bat mich, eine Strichliste darüber zu führen, wie oft ihr 16-jähriger Sohn mit Winterjacke bekleidet in die Pause ging. Sie befürchtete, dass er manchmal ohne wärmende Jacke den Raum verlasse.«

Bakteriophobie
»Wir haben einen Schulgarten, doch ein Mädchen darf nicht mitkommen. Die Angst der Eltern: Ihre Tochter könnte sich eine Krankheit holen, wenn sie im ›Dreck rumwühlen muss‹.«

Musikphobie

»Eine Mitschülerin meines elfjährigen Sohnes wird von
ihrer Mutter dazu angehalten, systematisch bestimmte
Schulfächer zu schwänzen: Sport (Verletzungsgefahr),
Schwimmen (Gefahr des Ertrinkens), Werken (Verletzungsgefahr an der Bohrmaschine), Physik (Verbren-
nungsgefahr am Bunsenbrenner) und neuerdings auch
Musik (Gefahr von Hörschäden).«

Nahrungsphobie

»In der fünften Klasse meines Kindes fingen einige
Mädchen plötzlich an, das völlig normale Essen der
Schulmensa abzulehnen. ›Bäh, so etwas esse ich
nicht!‹, sagten sie ständig über das dort frisch zube-
reitete, auch vegetarische Essen. Die Mädchen-Mütter
fingen also an, Essen selbst zu kochen und in Tupper-
dosen mitzugeben. Die Prinzessinnen wärmten sich das
dann in der Schulküche auf. Das allein finde ich schon
übertrieben. Doch eine Mutter fragte dann tatsächlich
auf dem Elternabend, ob wir anderen Mütter nicht mal
überlegen wollten, dasselbe zu tun. Das Essen der
Schulmensa sei nicht gut genug und mache krank.«

Mit den Nerven am Ende

»Eine Mutter ist mit ihrer Tochter zum Psychologen
gegangen, weil das Mädchen in der Grundschule ihr
Pausenbrot nicht gegessen, sondern immer wieder mit
nach Hause gebracht hatte. Das hat die ganze Familie
fertiggemacht.«

Solche Eltern brauchten wohl eher selbst Hilfe. Schon ein profanes Klassenfoto kann mit ihnen zur **Posse** werden. Die Mutter eines Mädchens, das in Berlin die vierte Klasse einer Grundschule besucht, erzählt darüber:

Ich wollte doch nur ein Foto!

»Für ein Klassenfoto hatte ich einen Fotografen gewinnen können, dessen Kinder ebenfalls unsere Schule besuchen und der schon in mehreren Klassen schöne Bilder gemacht hatte.

Runde 1:

Ich eröffne ein Doodle, um zu erfahren, wer alles interessiert ist. Ein reger E-Mail-Verkehr beginnt, die Eltern diskutieren das Für und Wider eines solchen Fotos. Am Ende habe ich ein paar graue Haare mehr, aber immerhin eine knappe Mehrheit dafür. Ich sage dem Fotografen zu.

Runde 2:

Die Elternvertreterin meldet sich. Eine Mutter hat auf der Webseite des Fotografen Aktfotos von ihm und Frauen entdeckt. Erneut beginnt ein E-Mail-Verkehr, diesmal darüber, ob man einen Mann Fotos von Kindern machen lassen dürfe, der sich selbst nackt ablichtet und Frauenakte als Kunst versteht (sehr ästhetische Bilder übrigens). Am Ende meldet sich eine Mutter mit abgeschlossenem Gender-Studium und argumentiert für den Fotografen: Die Bilder auf der

Webseite seien vertretbar, da die Frauen durchweg behaart seien, und sie als Feministin könne daher nichts Schlechtes daran finden, wenn er unsere Kinder ablichtet.

Runde 3:
Das Foto wird gemacht, die Hälfte der Klasse kauft eins für sieben Euro.

Runde 4:
Zum Abschluss meldet sich ein unbeteiligter, völlig verzweifelter Mann aus Baden-Württemberg, der bereits seit zwei Jahren versucht, aus unserem Klassenverteiler zu kommen, und der nun alles über Fotografen mit behaarten Frauen und Heli-Eltern an Berliner Grundschulen weiß.«

Immer wieder werden Lehrkräfte auch mit **absurden Ansinnen von Eltern** konfrontiert. Lesen Sie hier, wie Eltern ihre Umwelt im vermeintlichen Sinne ihrer kleinen Prinzen und Prinzessinnen auf Trab halten.

Unterrichten Sie montags etwas anderes!
»Eine Mutter will, dass der Stundenplan umgeschrieben wird. Der Grund: Ihr Sohn sei montags so unmotiviert. Sie meint, dass sich das Problem lösen ließe, wenn montags Fächer unterrichtet würden, die der Sohn interessant findet.«

Schüler D. schläft im Unterricht

»Eine Mutter kommt morgens mit Kind und dessen Kopfkissen und Oberbett zur Schule. Auf die Frage, was das bedeuten soll, antwortet sie, ihr Sohn habe so schlecht geschlafen, und sie dachte, er könne in der Leseecke noch etwas weiterschlafen. Um 10:00 Uhr wäre er dann bestimmt so ausgeruht, dass er am Unterricht teilnehmen könne.«

Wärmen Sie Wasser vor!

»Ich bin Erzieherin in einem städtischen Schülerhort. Wir sind in einem Altbau untergebracht, und auf der Toilette gibt es nur kaltes Wasser zum Händewaschen. Eine Helikopter-Mutter hat verlangt, dass dort ein Boiler mit Warmwasser angebracht wird – ihre Tochter würde sich sonst beim Händewaschen erkälten.«

Der Test muss warten!

»Eine Mutter bat mich, eine Klassenarbeit zu verschieben, da ihr Sohn am Wochenende zuvor ein Fußballspiel hatte.«

Eine Schulsekretärin erzählt:

»Eine Mutter rief bei mir an und wollte, dass ich ihre Tochter an ihren bevorstehenden Arzttermin erinnere.«

Tintenpanik

»Letztes Jahr habe ich an einer neuen Schule eine

7. Klasse übernommen und als Klassenlehrer die Materialliste besprochen. Am zweiten Schultag rief mich eine entrüstete Mutter an: Ihr Sohn sei nicht in der Lage, einen Füller zu verwenden. Er leide unter einer schweren Füllerphobie, ausgelöst durch die grässliche Pädagogik in der Grundschule. Ich handelte einen Kompromiss aus: Jeden Tag sollte der Junge ein bis zwei Wörter, später vielleicht sogar ganz kurze Sätze mit dem Füller schreiben. Komischerweise schrieb er vom ersten Tag an problemlos und ohne erkennbare Angstzustände mit dem Füller.«

Eine schnelle Therapie. Was könnte man noch von Lehrern verlangen, damit Kinder möglichst nie lernen, dass es nicht immer gerecht und gemütlich zugeht im Leben? Diese Eltern wissen es.

ALLES unter Kontrolle

»In der Klasse meines Sohnes werden verschiedene Karten gesammelt und unter den Schülern getauscht: Ninjago I, Ninjago II, Pokémon- und immer wieder Fußballkarten. Einige Eltern sind sehr darum bemüht, ihrem eigenen Kind viele tolle Karten zu verschaffen, sodass es gegenüber den anderen im Vorteil ist. Die Mutter eines Jungen bat die Klassenlehrerin sogar darum, darauf zu achten, dass die Kinder ›fair tauschen‹. Der letzte Kartentausch mit einem Klassenkameraden sei für ihren Sohn sehr ungünstig verlaufen. Die Lehrerin hat dies natürlich abgelehnt.«

Missverständnis eines Vaters und Bürgers

»Ich zahle ja wohl genug Steuern, damit Sie mein Kind erziehen.«

Unser Sohn hat keine Lust

»Ein Problemgespräch zwischen der Schulleiterin, den Eltern und ihrem 13-jährigen Sohn steht an. Das Gespräch soll nun auf Bitten der Eltern in deren Auto stattfinden. Der Grund: ›Unser Sohn hat keine Lust, vom Parkplatz bis in die Schule zu laufen.‹«

Manchmal liegt es nicht nur an der Motivation, sondern auch am Sternzeichen:

Mutter: »Das müssen Sie schon verstehen, mein Sohn ist Steinbock.«
Lehrer: »Und ich bin Schütze.«

Regel Nummer 1 für Lehrer im Umgang mit Helikopter-Kindern: Man darf diesen verhätschelten Wesen **nichts verbieten oder abverlangen.** Niemals. Unter keinen Umständen. Und: Diese Kinder machen nichts falsch, gar nichts. Nie.

Meine Tochter darf das!

»Englisch in der 7. Klasse. Naturgemäß war das Interesse der Jugendlichen nicht immer beim Unterricht. Handys waren in der Schule verboten, also schrieben sich die Schüler unterm Tisch kleine Zettel, die durch die Bankreihen wanderten. Wenn ich es sah, sammelte ich die Zettel ein und warf sie weg. Eines Tages bat die Mutter einer 13-jährigen Schülerin um einen Gesprächstermin und teilte mir mit, dass sie sich diese Praxis bei ihrer Tochter verbitte. Das Mädchen sei in der Pubertät, und Zettel im Unterricht zu schreiben sei in dem Alter völlig legitim. Ich als Lehrer hätte das zu tolerieren.«

Geht gar nicht!

»Ich war als Krankheitsvertretung an einer neuen Schule eingesetzt. Am zweiten Tag erreichten meinen Vorgesetzten wütende, extrem unhöfliche Mails: ›Diese Person geht gar nicht‹, hieß es da. Ich müsse sofort ersetzt werden, da die Kinder während meines Unterrichts weder essen noch trinken noch laut reden dürften.«

Selber schuld – warum machen Sie auch Unterricht?

»Ein Teil eines Augenmodells war aus dem Biologieraum verschwunden. Die Elternsprecherin der »verdächtigen« Klasse, die zuletzt dort Unterricht gehabt hatte, meinte dazu nur: ›Warum stand das Modell denn auch dort?‹«

Woran man erkennt, dass Helis vollends die Nerven verloren haben? Sie drohen Lehrern mit einer **Klage** – wegen Dingen, für die kein Richter morgens auch nur aufstehen würde.

Ich klage, weil mein Kind nicht am Spielen gehindert wurde.

»Eine Mutter steht erbost vor dem Lehrerzimmer: Sie will mich verklagen. Ihr zwölfjähriges Kind hätte eine Bleivergiftung bekommen können. Was war passiert? Das Kind hatte sich vormittags mit dem Bleistift die Innenseite der eigenen Hand bemalt und darin – warum auch immer – herumgebohrt, allerdings ohne auch nur die Haut zu verletzen. Ich hatte das Kind daraufhin zum Waschbecken geschickt und gesagt, es solle bitte die Hand reinigen und aufhören, mit dem Bleistift darin zu bohren.«

Übrigens enthalten Bleistifte schon seit vielen Jahrzehnten keinerlei Blei mehr.

Ich klage, weil mein Kind körperliche Qualen erlitten hat.

»Ich war viele Jahre stellvertretender Schulleiter einer großen Schule. Eines Tages drohte eine Mutter, eine unserer Sportlehrerinnen wegen Körperverletzung anzuzeigen. Der Hintergrund: Die sechste Klasse ihres Kindes sollte von der Schule zum Stadion, wo trainiert werden sollte, zu Fuß gehen. Wegstrecke: 2,2 km. Ich musste der Mutter nun erklären, wozu man zwei gesunde Füße gebrauchen kann.«

Ich klage, weil Sie einen Notfall hatten.

»Für die erste große Pause am Dienstag war ein

Elterngespräch angesetzt. In der Stunde davor brach jedoch ein Kind aus meiner Klasse zusammen, sodass wir den Notarzt rufen mussten. Als die besagten Eltern zu dem Gespräch kamen, verstanden sie partout nicht die Notwendigkeit, dass ich mit dem anderen Kind ins Krankenhaus fahren musste. Sie liefen mir hinterher, bestanden auf dem Gespräch und drohten mit rechtlichen Konsequenzen, sodass sogar die Abfahrt des Krankenwagens verzögert wurde.«

Sonntagabend, 21:30 Uhr: »Meine Frau versteht die Hausaufgaben unseres Sohnes nicht.« Hausaufgaben und Nachhilfe

Über den Sinn und Unsinn von Hausaufgaben kann man durchaus streiten. Doch: Solange sie an einer Schule aufgegeben werden, sollten Schüler sie erledigen. Einige Eltern sehen das eher so: »Wir« machen die Hausaufgaben dann, wenn es uns gefällt. Und wenn es gerade nicht in die familiäre Freizeitplanung passt, schreiben sie einfach eine **Entschuldigung**.

Eine Lehrerin erzählt:
»Nicht gemachte Hausaufgaben werden nachträglich
oder gern auch schon vorab entschuldigt: Das Kanin-
chen ist gestorben, die Oma hat Geburtstag, es findet
noch ein Tanztraining statt für den Auftritt am
Wochenende, sie sind zu schwer oder zu viel.«

Ach, deshalb heißt es Frei-Bad.
»In dem Entschuldigungsschreiben einer Mutter stand:
›Mein Kind konnte die Deutsch-Hausaufgaben gestern
nicht machen, da wir den ganzen Nachmittag im Frei-
bad waren.‹«

Klar ist: Schüler haben häufig keine Lust auf Hausaufgaben, kriegen sie nicht richtig hin oder vergessen auch
mal die Aufgabenstellung. Kindern von Helikopter-Eltern
passiert das jedoch nie, denn da kontrollieren ja Mama und
Papa nicht nur die Hausaufgaben – sie machen sie gleich
selbst.

Lehrer erzählen:
»2. Klasse: Eine Mutter erledigt die Schreibschrift-
Lernaufgaben für ihr Kind, weil ihr das angeblich so
viel Spaß macht.«

»6. Klasse: Eine Mutter schreibt die gesamte Erd-
kundemappe für ihren Sohn. Erklärung: Er habe doch
so eine schlechte Handschrift.«

»9. Klasse: Nachdem sie die Praktikumsmappe für ihren Sohn abgegeben hat, stöhnt eine Mutter im Gespräch: ›Es war so anstrengend, ich habe die ganze Nacht durchgetippt!‹«

Falsch verstanden

»Eine Bekannte hat regelmäßig die Hausaufgaben für ihre 17-jährige Tochter erledigt. Als ich sie darauf ansprach, meinte sie: ›Wie soll das arme Kind denn sonst Erfolgserlebnisse haben, wenn es immer nur Fünfen und Sechsen bekommt?‹ Das Abitur macht das Mädchen jetzt jedenfalls erst mal nicht.«

Tatsächlich finden viele Eltern es ganz normal, dass sie sich um die Hausaufgaben ihrer Kinder kümmern. Es ist ihnen auch nicht peinlich, beziehungsweise: Dass Schüler damit auch lernen sollen, sich um ihre Sachen selbst zu kümmern oder Mitschüler zu fragen, kommt ihnen offenbar nicht in den Sinn. Und: Lehrer stehen doch rund um die Uhr zur Verfügung, oder?

»Wir sitzen an den Hausaufgaben«

»Das Telefon klingelt in der Nachmittagsbetreuung: ›Wir sitzen an den Hausaufgaben, können Sie bitte mal eben den Rechenweg erklären?‹ oder ›Wie soll das Plakat für den Sachunterricht aussehen?‹ oder ›Wir haben keinen Drucker, können Sie bitte die Bilder des Lieblingstiers unseres Kindes aus dem Internet raussuchen und ausdrucken?‹«

Notfallnummer

»Eine Mutter hat zwischen Freitagnachmittag und Sonntagmorgen (6:15 Uhr) ungelogen mehr als zwanzigmal per E-Mail Fragen zu den Hausaufgaben ihrer Tochter gestellt. Teilweise von verschiedenen E-Mail-Adressen, falls die Nachrichten nicht ankommen.
Sie konnte nicht verstehen, dass ich am Wochenende nicht antworte. Ihre Tochter war damals bereits in der 10. Klasse.«

Familiäres Großprojekt

»Am Sonntagabend gegen 21:30 Uhr ruft der Vater eines Siebtklässlers bei mir an: Seine Frau habe die Hausaufgaben ihres Sohnes nicht verstanden. Er möchte die deshalb jetzt mal kurz von mir erklärt bekommen.«

Es geht noch krasser

»Im Bekanntenkreis meiner Schwester hat sich eine Elterninitiative zusammengefunden, um das Mathe-Lehrbuch umzuschreiben. Die ursprünglichen Aufgaben entsprächen nicht den Anforderungen, die heutzutage an Arbeitnehmer gestellt werden.«

Mami kennt Schummeltricks

»Als mein Sohn zur Grundschule ging, berichtete er mir immer wieder, dass ein Mitschüler bei Tests regelmäßig kleine ›Hilfsmittel‹ am Start hätte. Irgendwann nahm dies ein Ausmaß an, das ihn und andere Kinder störte. Sie sprachen den Jungen an, doch er reagierte arrogant und uneinsichtig. Die Schülergruppe informierte daraufhin die Lehrkraft über das unfaire Verhalten des Mitschülers. Daraufhin beichtete der Junge, dass seine Mutter ihn aufgrund der angestrebten Gymnasialempfehlung enorm unter Druck setze und ihn darum regelmäßig mit Spickzetteln versorge. Mir erschien das etwas hanebüchen, bis besagte Mutter vor meiner Tür stand und verlangte, meinen Sohn zu sprechen. Sie hätten etwas zu ›klären‹. Was ihm und den anderen Kindern eigentlich einfalle? Die ›kleinen Zettel‹ seien doch ›nur zur Unterstützung gedacht‹. Es war schon krass, hautnah mitzuerleben, was Angst und mangelndes Vertrauen ins Kind aus erwachsenen Frauen machen können.«

Auch ältere Schüler, Studenten oder Lehrer, die **Nachhilfe** geben, können ein Lied singen von Eltern mit Kontrollzwang, wie eine langjährige »Zeugin« berichtet.

Einmal »Helikoptismus« für alle

»Während meines Studiums habe ich mir durch Nachhilfeunterricht etwas dazuverdient und dabei die volle Bandbreite an ›Helikoptimus‹ kennengelernt, die man sich vorstellen kann:

Eltern, die wollten, dass ihre Tochter ihre 2+ in Englisch verbessert.

Eltern, die mich dafür bezahlen wollten, dass ich ihrem Kind eine Facharbeit schreibe, die in der Oberstufe eine Klausur ersetzt.

Eltern, die bei der Nachhilfe anwesend sein wollten, damit das Kind nicht alleine ist.

Eltern, die gefragt haben, ob ich auch einen Tisch hätte, den man verstellen könne, da die Sitzposition die Konzentration der Tochter behindere.

Eltern, die mir nach einer Vier in einer Klassenarbeit vorwarfen, ich hätte das Leben ihres Kindes ruiniert.«

»Da lässt sich doch sicher was machen.« Noten und Zeugnisse

»Eltern akzeptieren keine schlechten Zensuren; eine Zwei geht überhaupt nicht«, schrieb uns eine Grundschullehrerin. »Es müssen Einsen sein, denn sonst haben ihre Sprösslinge und somit auch sie selbst als Eltern versagt.« Eine Zwei ist also für überehrgeizige Eltern schon eine schlechte Note.

Wenn es um **Noten, Zeugnisse oder Strafarbeiten** ihrer Schätzchen geht, kennen solche Eltern tatsächlich kein Pardon, wie diese Pädagogin bestätigt:

Gerichtsort Grundschule

»Es gibt bei uns Eltern, die in der Schule mit Anwälten auflaufen, um ein ›Sehr gut‹ zu erstreiten. Und ich kenne Lehrerinnen, die sich nicht trauen, einem Kind in einer Klassenarbeit die Note Zwei zu geben, aus Angst vor den bedrohlich auftretenden Eltern.«

Würdelos

»Ich bin Grundschullehrerin. Einmal gab ich einem Kind eine Strafarbeit, die vom Kollegium abgesegnet war, da sie pädagogisch sinnvoll war und zur Selbstreflexion anregen sollte. Einen Tag später bekam ich den Zettel zurück, zerknittert und mit Rotstift überschrieben: ›Diese Strafarbeit ist gegen die Menschenwürde‹, samt Paragrafenangabe. Im darauffolgenden Gespräch schrie mich die Mutter des Kindes an und drohte mit einem Anwalt.«

»Ich habe mir erlaubt ...«

»Bei Strafarbeiten ist es unter den Eltern gang und gäbe, diese ihren Kindern zu erlassen, sie abzukürzen oder mir Dinge zu schreiben wie: ›Ich habe mir erlaubt, eine andere Aufgabe als Strafarbeit zu geben, da Ihre keinen Fachbezug hatte.‹«

Verkehrte Welt

»Ein Vater zerriss vor meinen Augen das Zeugnis
seines Sohnes und fragte, wie ich mir anmaßen könne,
solche Noten zu vergeben.«

Lehrer werden bedroht, beschimpft und verleumdet: »Mit
der Zeit merkt man gar nicht mehr, wie respektlos die Eltern
geworden sind«, berichtete uns eine Lehrerin. Man müsse
sich daher auch nicht über ebenso dreiste Schüler wundern.
Das Kind dieses Mathematikers möchte man jedenfalls
später nicht kennenlernen:

Genie und Wahnsinn

»Ich unterrichte seit gut 30 Jahren Kinder im Grundschulalter. Bei einem Elterngespräch zweifelte ein
Vater die Fünf in der Mathearbeit seines Sohnes an. Es
handelte sich um eine Arbeit über das kleine Einmal-
eins, 2. Schuljahr. Der Vater sagte, er sei selbst
Mathematiker und sein Sohn könne daher keine Fünf
schreiben. Meine Arbeit sei miserabel konzipiert, sein
Sohn habe lediglich die Aufgabenstellungen nicht
richtig verstanden. Eine Woche später kam Post vom
Anwalt mit der Aufforderung, die Arbeit zu annullieren
und gemäß den Vorschlägen des Vaters, der ja ein sehr
anerkannter Mathematiker sei, neu zu schreiben.
Inzwischen waren auch schon die Schulleitung und
das Schulamt eingeschaltet. Meine Arbeit wurde viel-
fach geprüft, zuletzt sogar im Kultusministerium. Das
Ergebnis: Es handelte sich um eine ganz normale

Mathearbeit. Der Vater forderte mich dennoch auf, ihm alle anstehenden Arbeiten im Vorfeld zur Prüfung vorzulegen. Erst nach einem eindeutigen Schreiben vom Justiziar des Schulamts ließ er davon ab.«

Nicht mit meinen Steuergeldern!
»Wegen des angeblich unmöglichen Verhaltens der Mathelehrerin wurde ein außerordentlicher Elternstammtisch einberufen. Auf diesem sollte Material gegen die Lehrerin gesammelt werden, um ihre Entlassung bei der Schulbehörde zu beantragen. Der Grund: Die Lehrerin schimpfe zu oft und ihr Unterricht sei zu schlecht. Das Fazit eines Vaters: ›Solange ich mit Steuern das Gehalt der Lehrerin bezahle, hat mein Kind ein Anrecht darauf, mindestens eine Zwei in Mathe zu bekommen.‹«

Er kann doch nichts dafür
»Ein Vater beschwerte sich über die Anmerkung auf dem Zeugnis seines Sohnes, dass der Viertklässler sehr oft zu spät kommt: ›Er kann doch nichts dafür, dass ich ihn zu spät in die Schule bringe.‹ Der Brüller: Der Vater ist selbst Lehrer.«

Ehrgeizige Eltern sind übrigens auch sehr erfinderisch, wenn es darum geht, ihren Kindern bessere Noten zu verschaffen.

Sagen Sie es nicht meiner Familie
»Ein Vater wollte die Versetzung seines Sohnes doch

noch durchsetzen, indem er uns Lehrern erzählte, er und seine Familie würden ja sowieso bald wegziehen. Da könnten wir seinen Sohn doch ruhig vorher noch versetzen. Ich sollte aber seiner Familie nichts davon sagen, weil sie noch nichts von dem Umzug wüsste. Wir haben den Jungen nicht versetzt. Die Familie zog auch nicht weg, aber die Eltern nahmen beide Söhne wutentbrannt von unserer Schule.«

Da lässt sich doch sicher was machen?
»Eine Bekannte ist Lehrerin an einer Mittelschule. Einige Eltern haben ihr bei der Elternsprechstunde bereits Geld für gute Noten angeboten. Wenn sie ein solches Angebot ausschlägt, drohen die Eltern auch schon mal mit Beschwerden bei der Schulbehörde.«

Eine Mutter zur neuen Klassenlehrerin:
»Wenn mein Kind nicht aufs Gymnasium kommt, sind Sie die längste Zeit Lehrerin gewesen!«

Eine Lehrerin kommentiert ihre Schilderungen über das Gebaren der Helikopter-Eltern folgendermaßen:

»Mit welchem Selbstbild werden diese Kinder ins Leben geschickt? Ich könnte mich jeden Tag kopfschüttelnd aufregen!«

Eltern, die in der Schule richtig Gas geben, können natürlich am Nachmittag den Helikopter nicht im Hangar lassen.

Auch die sogenannte **Freizeit** wird von ihnen überwacht, denn beim Sport oder Musizieren stellen sie ebenfalls höchste Ansprüche an ihre Kinder, und bekanntlich können auf dem Spielplatz die gefährlichsten Dinge passieren. Lesen Sie im nächsten Kapitel vom Trauerspiel am Nachmittag und an den Wochenenden.

»Mein Toni Kroos macht Seepferdchen.« Freizeit-Trouble

Lässt sich das Konkurrenzdenken der Helikopter-Eltern in anderen Lebensbereichen (»Maximilian konnte ja schon mit neun Monaten laufen!«, »Und Sophie hat sich selbst das Lesen beigebracht!«) noch einigermaßen tarnen, tritt es im Sport umso offener zutage. Hier zählt nur noch höher, schneller und weiter, jetzt geht es um Gewinner und Verlierer. **Fußball** ist besonders betroffen, denn dort geht der Ehrgeiz auch mit den Vätern durch: Der eigene Sohn ist der nächste Toni Kroos, ganz klar! Doch wie kann ihn der Trainer »nur« als Außenverteidiger einsetzen? Und sieht der Schiedsrichter eigentlich gar nichts, die Pfeife? »Ich sehe ja ein, dass ›König Fußball‹ einen besonderen Stellenwert in Deutschland hat, aber Elternkommandos wie ›Hau ihn um!‹ vom Spielfeldrand sind nicht selten, und das ist bei Vier- bis Sechsjährigen schon echt heftig«, findet ein Fußball-Vater, der sich immer wieder über Helikopter-Eltern wundert. Das Gleiche gilt natürlich auch für andere Sportarten und Hobbys, etwa **Instrumentalunterricht**. Musiklehrer berichten, dass Helikopter-Eltern ihnen recht irrational gegenübertreten: Einerseits sind sie überzeugt, sie hätten den nächsten Lang Lang zu Hause – andererseits darf das Kind bloß nicht mit zu viel Üben belastet werden. Schließlich sind unsere Helis ja angetreten, den Kindern jede Unannehmlichkeit zu ersparen. Wenn zum Beispiel ein Einjähriges noch nicht allein rutschen kann, muss es nicht aufs Rutschen verzichten: Mama und Papa zwängen sich einfach mit aufs Spielgerät. Und so wird Zehnjährigen noch der Popo abgewischt, 13-Jährige werden zu jedem Termin kutschiert, und dem 17-Jährigen wird hinterhergereist und das Zelt aufgebaut, wenn er »allein mit Freunden« campen fährt. Das ist für alle Beteiligten anstrengend – und die Kinder verdrehen genervt die Augen.

Jeder Sport ist Kampfsport

Erfolg im Fußball hängt ja stark von der mentalen Stärke ab, hört man immer wieder, und dass Fußballspiele vor allem im Kopf gewonnen werden. Ideale Voraussetzungen also, um gehörig zu helikoptern: Denn wenn Fußball-Eltern nur fest genug daran *glauben*, dass das **eigene Kind ein Spitzendribbler** ist, wird es auch zu einem werden. Der einzige Spielverderber ist leider der Trainer, der oft einen etwas weniger verklärten Blick hat auf den trainings-faulen Sprössling mit den zwei linken Füßen. Fußballtrainer berichten von ihren befremdlichen Begegnungen mit Mamis und Papis:

Dritte Halbzeit

»Wenn Sie heute Fußballtrainer einer Jugendmannschaft sind, dann wird das Handling der Eltern zum Match nach dem Spiel. ›Warum spielt mein Sohn nur Verteidiger?‹, ›Warum haben Sie gewechselt?‹, oder, ganz schlimm: ›Warum war er nicht in der Startelf?‹ Bereits bei den Kleinsten in der F-Jugend – die sind sieben bis acht Jahre alt – geht das schon los, und zwar nicht nur beim Spiel, sondern auch im Training. Viele Ehrenamtliche haben daher schon gar keine Lust mehr auf diese Aufgabe.«

Schlimmer als in jeder Fankurve

»Ich war viele Jahre Jugendfußballtrainer für die G- bis D-Jugend. Ohne Eltern wäre dieser Sport sehr schön. Was ich dort an unangemessener Einflussnahme der Erziehungsberechtigten erlebt habe, könnte ganze Bücher füllen. Machen Sie sich doch mal den Spaß und gehen Sie auf ein Jugendfußballturnier. Dort am Spielfeldrand erleben Sie Hysterie pur.«

Kick it like Papi

»Bei einem Freundschaftsspiel der G-Jugend wurde ein Junge der gegnerischen Mannschaft von seinem Vater angefeuert. Im Spiel zeigte der Sechsjährige tatsächlich Talent und schoss auch ein Tor. Dieses zelebrierte er in bester Cristiano-Ronaldo-Manier mit einem Sprung, ausgestreckten Armen und breiter Brust. Als er jedoch ausgewechselt werden sollte, trat der Junge mit Absicht den am Spielfeldrand stehenden Medizinkoffer um, und sein Vater kam sofort auf den Trainer zugestürmt und brüllte: Was er sich denn erlaube, den mit Abstand besten Fußballer auf dem Platz auszuwechseln? Sämtliche Zuschauer waren peinlich berührt.«

Hauptsache Sturm

»Ein Vater forderte von mir vehement, im 3-5-2-System spielen zu lassen – dass das mit nur sechs Feldspielern schwierig würde, hatte er jedoch nicht mitbekommen. Im selben Spiel wollte eine Mutter ihr Kind unbedingt im Sturm sehen und forderte deshalb vier Stürmer. Mein Hinweis, dass dann Abwehr und Mittelfeld mit jeweils nur noch einem Spieler etwas unterbesetzt seien, stieß auf Unverständnis.«

Hier wird klar: Fußball ist Kampfsport, und dieser erfordert den Einsatz von Kampfhubschraubern. Doch wie sieht es aus, wenn die Kinder tatsächlich **Kampfsport** betreiben, etwa Judo oder Ringen? Richtig, das potenziert die Kampfeslust von Mami und Papi, und da wird nicht mehr nur verbal gekämpft: In Aachen etwa ist im Januar 2018 ein Ringkampf zweier Nachwuchssportler eskaliert, es kam zu einer **Mas-**

senschlägerei. Ein Junge hatte mit einem anderen darüber gestritten, wer von den beiden den Kampf gewonnen habe. Die Mutter des einen mischte sich laut Polizei ein und schubste den Gegner ihres Sohnes. Das wollte sich dessen Anhang nicht bieten lassen. Auch andere Mütter und Väter mischten sich schließlich ein, dann ging es zur Sache: Bis zu 20 Menschen prügelten sich.

Ein Trainer berichtet:

»Leider gibt es beim Kampfsport Mütter, die beim Training auf die Matte rennen, um ihrem Goldschatz noch Tipps für die beste Wurftechnik zu geben. Manchmal führen sie das sogar noch vor.«

Der kleine Unterschied

»Eine Mutter hat einen fünfjährigen Jungen aus der Mädchenumkleide rausgeworfen, weil die nur für Mädchen sei. Sie sah aber kein Problem darin, als erwachsene Frau zwischen lauter präpubertären Jungs in deren Kabine ihrem Zehnjährigen beim Umziehen beizustehen.«

Tja, die kleinen Sportskanonen sollen jederzeit Topleistungen bringen, dürfen aber niemals durch selbstständiges Duschen und Anziehen belastet werden. Besondere Herausforderungen bringt hierbei der **Schwimmsport** mit sich. Zum einen messen sich Eltern untereinander daran, wie früh sie ihren Kindern diese wichtige Fähigkeit beigebracht haben – legt ein Kind zum Beispiel erst mit sieben Jahren die **Seepferdchen-Prüfung** ab, wird es in Helikopter-Kreisen schon fast als verwahrlost betrachtet. Zum anderen statten ängstliche Mütter ihre Kinder bereits zum ersten Wassergewöhnungskurs so übertrieben aus, als trainierten sie für die Olympischen Spiele.

Ein Schwimmlehrer erzählt:

»In den Wassergewöhnungs- und Seepferdchenkursen rüsten Eltern ihre Kinder auf wie mittelalterliche Knappen ihre Ritter: Schwimm- oder gar Taucherbrille, Neoprenanzug, Füßlinge, Ohrenstöpsel und so weiter. Immer wieder fordern Mütter, das Wasser vor dem Kurs zu erwärmen, weil ihr Sohn ja so friere. Die Kinder solcher Mütter stehen dann regungslos in der Ecke des Beckens, werfen ängstliche Blicke zur Elternbank und frieren daher tatsächlich.«

Schwimmlehrer: »Entschuldigung, darf ich Sie bitten, das Becken zu verlassen? Wir würden gern mit dem Kurs beginnen.«

Mutter: »Aber mein Sohn hat Angst in Gruppen. Ich wäre gern bei ihm. Zeigen Sie mir einfach die Übung, dann mache ich die mit ihm.«

Übrigens gibt es auch sprachlich Schonungsmaßnahmen, was die Schwimmübungen betrifft: Um den Kindern keine Angst zu machen, heißt die Haltung »Toter Mann« inzwischen häufig »Seestern«.

Weicher Keks?

»Eine Mutter kommt mit einem Sechsjährigen zu einer Schwimm-Probestunde. Sie ist entsetzt, dass sie ihr Kind zwar umziehen und duschen, während des Unterrichts aber nicht mit ins Wasser kommen darf. Zudem muss ich sie bitten, während der 30 Minuten Unterricht keine Kekse und geschnittenen Apfelstückchen anzubieten, sage ihr aber, dass sie sich auf einen Stuhl in der Schwimmhalle setzen und zuschauen könne. Die Mutter bricht daraufhin die Schwimmstunde ab mit dem Argument, sie wolle nicht, dass jemand ihren Sohn ertränke. Ich solle ihr lediglich die Übungen beschreiben, sie würde diese ihrem Kind selbst zeigen. Dann zieht sie mit ihm um ins Babybecken.«

Auch in Turnhallen gibt es erstaunlich ängstliche und gleichzeitig anspruchsvolle Eltern. Folgendes berichtet ein **Turntrainer**, der seit 15 Jahren Kinder im Grundschulalter trainiert:

Alles im Blick

»In unserem Bundesleistungszentrum in Bergisch-Gladbach gibt es einen Wartebereich für Eltern, von dem aus man durch Fenster das Training beobachten kann. Es gibt Eltern, die nahezu jede Trainingsstunde ihrer Kinder von dort aus mitverfolgen – je nach Alter der Kinder bis zu fünfmal in der Woche. Einige Eltern dokumentieren minutiös mit der Handykamera die Trainingsfortschritte und auch die mutmaßlichen Defizite ihrer Kinder. Wenn ihre Kinder die Trainingshalle mal verlassen, um auf die Toilette zu gehen, passen einige Eltern sie ab, um sie zur Rede zu stellen oder ihnen ›wertvolle Tipps‹ zu geben.«

Hase, Igel und Eltern

»Vor zwei Jahren fuhren wir zu einem Wettkampf nach Hamburg. Aufgrund der Entfernung übernachteten wir dort mit den Kindern in einem Hotel. Einige Eltern hielten das nicht aus, reisten uns hinterher und nahmen sich im selben Hotel ein Zimmer. Das fühlte sich an wie Stalking.«

So viele kleine Mozarts hier!

Selbstverständlich haben viele Kinder auch eine irre musikalische Begabung. Die muss nur von einem geeigneten Musiklehrer entdeckt werden. Deshalb haben Helikopter immer die Nase vorn, wenn es darum geht, passende pädagogische Angebote zu buchen – und zu stornieren, denn leider kommt es vor, dass die Lehrer das besondere Talent des Kindes nicht erkennen. Und dann muss die Musikschule sofort wieder gewechselt werden.

Fünftes Hobby gesucht

»Eine Mutter bat mich neulich um Rat: Sie würde gerade nach einem Hobby für ihre Tochter suchen. Sie habe bereits Turnen, Ballett und Kindertanz ausprobiert, für eine Fußball-Schnupperstunde sei die Kleine angemeldet, auch für ein Instrumentenkarussell. Ob ich glaube, dass Voltigieren vielleicht auch infrage käme? Die Tochter ist vier Jahre alt.«

Eine Musikschulleiterin erzählt:

»Ein Elternpaar brachte seine fünf Jahre alten Zwillinge zum Instrumentenkarussell. Drei Stunden lang probierten sie bei mir verschiedene Instrumente aus, dann sollten die beiden Jungs eines davon wählen. Mit einer Einschränkung: Die Eltern wollten, dass die Kinder nur ein Instrument erlernen, das man auch hier in unserer Heimatstadt an der Musikhochschule studieren kann – sie wollen nämlich, dass die Jungs während des Studiums zu Hause wohnen.«

Die Jungs wurden also für die Fächer Klavier und Violine angemeldet. Und ihre Karriere an dieser Musikschule ging folgendermaßen weiter:

»Nach vier Monaten rief der Vater an, um sich zu beschweren. Seine Söhne könnten immer noch nicht alle Noten lesen. Ich sagte, dass Fünfjährige dafür mehr Zeit benötigen und spielerisch an das Instrument herangeführt werden müssten. Außerdem sollten sich die Eltern Zeit nehmen, zu Hause mit den Kindern etwas zu üben. Er war jedoch der Meinung, das sei Aufgabe des Lehrers, schließlich würde er uns dafür bezahlen, dass wir den Kindern etwas beibringen. Und da das offensichtlich nicht der Fall sei, würde er seine Kinder sofort abmelden. Ich wies ihn darauf hin, dass wir uns zum einen mit den beiden viel Mühe gäben und es ihnen auch Spaß mache bei uns, er sich zum anderen an die Kündigungsfrist halten müsse. Daraufhin drohte er, im ganzen Stadtteil herumzuerzählen, was für eine schlechte Musikschule wir seien, wenn wir ihn nicht sofort aus dem Vertrag entließen.«

Viele Musikschullehrer kennen die Auseinandersetzungen mit Eltern zum Thema »Üben«. Sie wollen, dass das Kind ein Instrument spielt, bringen es wöchentlich zum Unterricht – aber **dann noch zu Hause üben**? Das scheint eine Härte zu sein, mit der Kinder wie Eltern überfordert sind.

Voller Wochenplan

»Ich werde von empörten Müttern angegriffen, wie man denn von kleinen Kindern tägliches Üben erwarten könne. Sie sagen Sachen wie: ›Da merkt man, dass Sie keine eigenen Kinder haben!‹, ›Wann soll das Kind denn dafür die Zeit aufbringen? Montags kommt sie zu Ihnen, am Dienstag ist Ballett, am Mittwoch geht sie zum Judo, am Donnerstag zum Reiten. Und irgendwann muss ein Kind ja schließlich auch Kind sein dürfen.‹ Abgesehen davon, dass ich die Argumentation schon recht schräg finde – wir reden hier von wenigen Minuten, die sich das Grundschulkind mit dem Instrument beschäftigen soll –, geht es in den meisten Fällen gar nicht um eine Überlastung des Kindes, sondern um die Bequemlichkeit der Eltern. Die müssten es nämlich zum Üben ermutigen und zuhören. Leider denken sehr viele, dass sie aus dem Thema ›raus‹ sind, wenn sie ihr Kind in einen Musikunterricht schicken.«

Leni mag nicht mehr
»Ich hatte schon mehrfach Eltern in den Stunden sitzen, die mitschrieben und anhand der Protokolle nachweisen wollten, dass ich ihr Kind nicht optimal fördere. Diese Eltern sagen dann allen Ernstes: ›Tja, Leni hatte anfangs sooo viel Spaß, doch jetzt mag sie gar nicht mehr spielen. Sie müssen sie wirklich mehr motivieren!‹ Doch wie soll das funktionieren bei einem Kind, das auf seinem Instrument exakt einmal pro Woche spielt?«

Immer wieder diskutieren Eltern die **Ausstiegsoptionen**, wenn sie ihre Kinder in Musikschulen anmelden. Eine Musiklehrerin ist überzeugt: »Die Eltern glauben, ihr Kind nehme seelischen Schaden, wenn es mehrere Monate hintereinander bei einer Sache bleiben muss.« Ihre Aufnahmegespräche enthielten regelmäßig folgenden Dialog:

Eltern: »Wenn meinem Kind das jetzt gar nicht gefällt, kann ich doch jederzeit kündigen, oder?«

Musiklehrerin: »Nein, für ein Halbjahr verpflichten Sie sich.«

Eltern: »Ja, aber wenn das Kind überhaupt nicht mehr will?«

Und manchmal ist auch einfach der Gesichtsausdruck der Lehrerin falsch – die ist dann schuld, wenn das Kind das Vorspiel nicht gewinnt:

»Ich bin Instrumentallehrerin an einer Musikschule. Ich wurde von einer Mutter mehrere Minuten lang angeschrien. Der Vorwurf: Ich hätte in einem Vorspiel alle Schüler freundlicher angelächelt als ihre Tochter. Es hatten 16 Kinder und Jugendliche vorgespielt.«

Spielplatz: Ausweitung der Kampfzone

Man könnte meinen, Spielplätze seien Orte unschuldiger Freude, wo sich lachende Kinderstimmen mit dem harmlosen

Gemurmel sogenannter Latte-macchiato-Mütter mischen. Wo Kinder unbeschwert Kinder sein dürfen und Eltern mal keinen Druck machen. Leider ist das mitnichten so. Man ahnt gar nicht, welche Abgründe sich auf Spielplätzen auftun. Eine Erzieherin schildert, wie Eltern auf Spielplätzen ständig versuchen, ihre **Kinder zu animieren**:

>»Die Eltern rennen umher und weisen permanent auf Spielgeräte hin: ›Schau mal, Theo, da ist ja auch noch eine Schaukel! Willst du mal auf die Schaukel?‹ Und dann hieven sie die Kleinen hinauf, die müssen nur selbstständig sitzen. Auf der Rutsche müssen sie sogar nicht mal das, denn die Eltern setzen sie oben hinauf und halten dann Einjährige am Oberkörper aufrecht, während diese die Rutsche hinuntereiern.«

Die Kinder müssen längst nicht mehr selbst herausfinden, wie sie ein Klettergerüst hinaufkommen, denn die Eltern stehen stets bereit für Hilfestellungen. Dabei sind diese oft kontraproduktiv und sorgen keinesfalls für mehr Sicherheit. So könnten Eltern schwere Verletzungen ihrer Kinder auf Spielplätzen sogar vermeiden, wenn sie den Nachwuchs allein rutschen ließen. Denn das Risiko eines Beinbruchs steigt, sobald Erwachsene Kleinkinder auf den Schoß nehmen, fanden Forscher der US-Universität Iowa heraus, die knapp 12.700 Rutsch-Unfälle von Kindern unter sechs Jahren ausgewertet haben. Das Ergebnis: Die häufigsten Verletzungen entstehen, weil die Kinder auf dem Schoß einer anderen Person rutschen.

Neben der Animation kümmern sich Eltern auf Spielplätzen außerdem darum, dem eigenen Kind vermeintliche Hindernisse aus dem Weg zu räumen. Sie versuchen wie beim Curling-Sport, den Boden für ihre Schätzchen so glatt zu wischen, dass diese mühelos ins Ziel schlittern. Und manchmal – sorry! – sind die anderen spielenden Kinder eben das Hindernis, das wegmuss.

Schlange stehen? Unzumutbar!

»Ich war mit meinem zehnjährigen Sohn und meiner elfjährigen Nichte auf einem Spielplatz. Etwa ein Dutzend Kinder im Alter zwischen fünf und zwölf Jahren benutzten abwechselnd eine Seilbahn. Ganz fair fuhren die Kinder nacheinander jeweils einmal mit der Seilbahn, zogen die Sitzplatte zum nächsten Kind zurück und stellten sich dann wieder an. Die Großen halfen sogar den Kleineren beim Aufsteigen und zurückziehen.

Plötzlich kam eine Mutter mit einem etwa achtjährigen Mädchen dazu. Das Kind ging auf die Seilbahn zu, blieb ein paar Meter entfernt stehen und schaute den anderen Kindern zu. Nach ein paar Minuten lief die Mutter wutentbrannt auf die friedlich spielenden Kinder zu und rief: ›Warum lasst ihr meine Tochter nicht mit der Seilbahn fahren?‹ Meine Nichte antwortete: ›Sie hat sich nicht in die Warteschlange für die Seilbahn gestellt.‹ Diese Antwort fand die Mutter unverschämt.«

Ein Erzieher berichtet:
»Die Bedürfnisse des eigenen Kindes scheinen über denen aller anderen zu stehen. Über denen der Eltern sowieso, aber erst recht über den Bedürfnissen anderer Kinder. Ich habe mehr als einmal miterlebt, dass Eltern auf Spielplätzen oder auch in unserer Gruppe von anderen Kindern verlangten, ihr Spielzeug doch dem eigenen Kind zu geben, ›weil er/sie das doch jetzt so sehr möchte‹.«

Ach ja, das Sandspielzeug. Kleine Schaufeln, Harken und Eistüten aus buntem Plastik, über die sich Eltern so schön streiten können. Denn es bilden sich auf Spielplätzen verschiedene Lager, die ihre **Sandspielzeug-Philosophien** vehement verteidigen: Die »Sandspielzeug-ist-für-alle-da-Fraktion« tritt gegen diejenigen an, die jedem Anderthalbjährigen beibringen wollen, wie man sich juristisch einwandfrei ein Förmchen ausleiht. Gleichzeitig treffen »Der-ganze-Spielplatz-erzieht-mein-Kind-Eltern« auf Menschen, die finden, niemand dürfe auch nur ein Wort an das eigene Kind richten. Lesen Sie selbst.

Ansprechen verboten!
»Es gibt diese Mütter, die gleich ausrasten, wenn Fremde ihr Kind zurechtweisen. Sie dackeln immer hinter ihrem Kind her und breiten im Sandkasten noch eine Picknickdecke aus. Sie stehen grinsend daneben, wenn ihr Sonnenscheinchen Spielzeug wegschleppt, Trinkbecher ausschüttet, anderen den Keks wegnimmt

oder den Ball wegkickt – aber wehe, jemand sagt dem Kind mal was.«

Eine Mutter gibt zu:

»Fremde dürfen mein Kind auf keinen Fall zurechtweisen, wenn es auf dem Spielplatz mit Sand wirft. Das ist allein meine Aufgabe und die meines Mannes. Würde es jemand versuchen, würde ich was Passendes zu der Person sagen.«

Nervenkitzel Klettergerüst

»Was mich auf dem Spielplatz nervt: Andere Eltern sind so vorsichtig, dass sie selbst meine Kinder nicht klettern lassen, weil sie Angst haben, sie könnten runterfallen. Von einer ungefähr ein Meter hohen Rutsche.«

Dabei sehen Spielplatzexperten das genau anders: Gefährliche Spielplätze sind aus ihrer Sicht viel sicherer, weil die Kinder dann besser aufpassen und lernen, mit Risiken umzugehen. Deshalb werden Spielplätze in Großbritannien inzwischen sogar wieder extra unsicherer gestaltet. Eine Horrorvorstellung für Helikopter-Eltern. Für die ist ein Nachmittag auf dem Spielplatz ohnehin superstressig: Schließlich müssen sie nicht nur das eigene Kind ständig überwachen und zu Höchstleistungen anspornen und dabei noch permanent um seine Vorrangstellung bei Spielzeug und Geräten kämpfen. Ein weiterer Auftrag kommt noch hinzu, der Spielplätze zu Einsatzorten für Kampf- und Rettungshubschrauber macht: der nahezu **lebensgefährliche Dreck**. In einer Buddelkiste wimmelt es natürlich nur so von Keimen und Bakterien. Ein Albtraum für hygienebewusste Heli-Mamis.

Pest oder Cholera?

»Moderne Mütter wollen ihre Kinder anscheinend zu einem Handwaschzwang erziehen: ›Lea, du hast die Rutsche angefasst, komm, lass dir die Hände abwischen‹. Oder: ›O Gott, Marie, du hast deine Spielplatzhandschuhe ausgezogen!‹ Eine Frau auf unserem Spielplatz zieht ihrem Kind Plastikhandschuhe an, damit es nicht mit Dreck in Berührung kommt. Eines Tages werden Kinder in Seuchenschutzanzügen auf den Spielplatz kommen.«

Modderpampe

»Berlin-Prenzlauer Berg: Ich kam von der Arbeit als Baumpfleger und war mit Frau und Kind auf dem Spielplatz verabredet. Dort gibt es eine Wasserstelle mit viel Modderpampe im Sommer. Viele Kinder sind dann halb nackt und eingesaut, wie es sich gehört. Ich hatte noch etwas Harz und Baumreste an den Händen und nutzte die Gelegenheit, mir dort kurz die Hände zu waschen. Völlig hysterisch sprang eine Mutter auf und fuhr mich an, wie ich es wagen könne, mir dort die Hände abzuspülen. Ich zeigte auf das Firmenlogo auf meinem Shirt und sagte, hier sei nicht gerade Motoröl im Spiel. Kurz darauf wickelte eben jene

Mutter ihr jüngeres Kind, packte die alte Windel in eine Tüte und ließ diese neben der Bank liegen.«

Wer das Leben seiner Kinder perfekt planen und kontrollieren will, braucht dafür natürlich digitale Hilfsmittel. Ein Terminkalender in der Cloud ist selbstverständlich, und für die Abstimmung über jedes auch noch so winzig kleine Detail gibt es inzwischen: **Chatgruppen**. Was dort 24/7 abgeht, lesen Sie im nächsten Kapitel.

23:43 +49 178 2234948:
Das ist echt nervig!!!
Die schlimmsten Elternchats

Ach, diese digitale Kommunikation. So oft geht sie schief. Das mag daran liegen, dass Menschen ihre Meinung und Kritik heftiger und hemmungsloser formulieren, wenn sie diese in ein Handy oder den Computer tippen. Und dem Empfänger auf der anderen Seite fehlt der vermittelnde Blick, eine Geste oder ein ironischer Unterton, um die Nachricht einordnen zu können. Wenn es sich dann noch um eine digitale Gruppenveranstaltung von hochtourigen Helikoptern handelt, bleibt nur festzuhalten: **Elternchats sind die Hölle!** 50 Nachrichten am Tag sind keine Seltenheit, davon enthält oft nur eine Nachricht essenzielle Infos, der Rest der Eltern verbreitet Befindlichkeiten und Banalitäten. Jede Kopflauskur, jede fixe Idee zum Klassenausflug, jedes vermisste Unterhemdchen wird schnell einmal rund um den Globus und an alle Eltern der Kita, der Klasse oder der Fußballmannschaft verschickt. Und egal, wie banal – die WhatsApp-Gruppe brummt auch samstagabends, an Weihnachten oder in den Ferien. »Nach einem Jahr mit unserer Klasse hat sich der Klassenlehrer aus allen Chatgruppen abgemeldet«, erzählt eine Mutter aus Kiel. »Er war die endlosen Diskussionen einfach leid. Nun gibt es eine neue Gruppe mit One-Way-Kommunikation: Da schreibt der Lehrer an die Eltern, Antworten sind verboten.«

Manchmal werden die Nachrichten sogar aggressiv: An einem sehr guten Hamburger Gymnasium schaukelten sich die gut situierten Anwälte, Ärzte und Unternehmer im Elternchat einer fünften Klasse so hoch, dass eine der Schulbehörde angeschlossene Vermittlungsstelle eingeschaltet werden musste. Eigentlich ging es nur um Umgangsformen, doch einige Eltern meldeten daraufhin ihre Kinder von der Schule ab.

(Hinweis: Damit niemand bloßgestellt wird, haben wir in diesem Kapitel die Namen und Nummern der Absender selbstverständlich weggelassen sowie Orte und signifikante Details geändert und einige Chatverläufe gekürzt.)

An alle: »Melde Vollzug«

Ein beliebtes Aufreger-Thema in Chatgruppen und Mailverteilern sind **Kopfläuse**. Klar, wer hat die schon gerne? Aber Kopfläuse sind nun mal ein unausweichliches Kinder- und damit Elternschicksal. Es gibt das Ungeziefer in praktisch jedem Kindergarten und jeder Schule, sie kommen und gehen epidemisch, da muss man durch. Manche Eltern scheinen aber zu meinen, mit sehr! vielen!! Ausrufezeichen!!! und eindringlicher GROßSCHREIBUNG IM KLASSEN-CHAT könne man den Entlausungsprozess irgendwie beschleunigen. Eine Läuse-Diskussion in einer Elterngruppe ist deshalb in der Regel so umfassend, dass sie den Rahmen dieses Kapitels sprengen würde. Deshalb beschränken wir uns auf einen kleinen Auszug des Läuse-Chatverlaufs einer dritten Klasse in Berlin, der innerhalb von ein paar Stunden entstand.

> Liebe Eltern, es gibt fünf Kinder mit LÄUSEN in unserer Klasse. Ihr müsst eure Kinder untersuchen und behandeln, auch wenn ihr keine Läuse seht. Wir müssen vermeiden, dass Kinder andere Kinder anstecken, die schon behandelt worden sind.

> Wir haben uns alle behandelt! Es ist echt nervig!!! Es geht ja anscheinend schon länger rum!

> Kann ich nur unterstreichen! Ich habe gestern bei Leon geschaut und nichts gefunden! Heute habe ich erfahren, dass ein Kind definitiv welche hat! Ich mag keine Läuse! Wir haben uns gerade behandelt! Alle müssen mitmachen, sonst bringt das nichts!

> Wichtig ist auch, die Bettwäsche, die Kuscheltiere und alles andere zu waschen! Jacken, Mützen, Tücher usw. Alles!

Wir haben die Behandlung gestern hinter uns gebracht! Wichtig ist, dass ALLE darauf achten und sich an die Vorkehrungen halten. Sonst werden wir sie nur schwer wieder los!

Behandlung auch hier gemacht für die ganze Familie!

Wir auch!

Hier wurden auch alle und alles desinfiziert. Ich drück uns allen die Daumen!

Melde auch Vollzug!!!

Wir haben es auch gemacht!

Wir auch!

Annas Familie hat die Kur auch gemacht! Hoffen wir, dass sie jetzt ausgemerzt werden!

…. and so on, and so on. Jede Kopfwäsche wird fleißig im Chat protokolliert. Und wer einen **ganz tollen Tipp für alle** hat, verbreitet diese Meinung ebenfalls dort gerne. Ungefragt und ausführlich, rund um die Uhr.

Hallo, leider eine schlechte Nachricht von mir: Habe bei Adele wieder eine Nisse entdeckt. Das ist sehr ärgerlich, denn wie ihr wisst, sind wir sechs Personen in der Familie, davon vier mit langen Haaren. WANN hört das ENDLICH auf??

PS: Bitte kontrolliert ALLE bei euren Kindern!! Ich habe wirklich keine Lust, dass sich Adele morgen früh gleich wieder ansteckt! Wer heute nicht mehr zur Notdienst-Apotheke fahren kann: Eine erste Behandlung kann man auch mit Haarspülung oder Kur machen. In die trockenen (!!) Haare und dann auskämmen.

Also, das mit der Spülung kann ich nicht empfehlen. Die Nissen tötet das nicht.

Wir haben keine Läuse.

Na super. Geht das schon wieder los.

Stopp! Auf keinen Fall! Nur Nyda hilft. Es ist teuer, aber das beste Mittel.

Da muss ich widersprechen! Spülung oder normales Shampoo sind auf KEINEN FALL ein Ersatz!

Wir waschen mit Weidenrindenshampoo aus der Apotheke, und zwar immer! Die Läuse mögen den Geruch nicht und springen erst gar nicht auf den Kopf! Titus und Tom hatten erst einmal Läuse, seitdem machen wir das!

> Läuse können nicht springen :-) Aber
> das Shampoo probieren wir mal.

An dieser Stelle unterbrechen wir den Läuse-Dialog für einen Hinweis: Hin und wieder geht auch von der **Schulmensa große Gefahr aus**, was umgehend in Chatgruppen diskutiert werden muss. Eine umsichtige Mutter aus Düsseldorf etwa fühlte sich verpflichtet, die Eltern der anderen 23 Kinder aus der 3a – also in etwa 46 Personen – mit warnendem Unterton darüber in Kenntnis zu setzen, dass sie ihre Töchter vor Hühnerfleisch beschützen werde. Aber das muss natürlich jeder für sich selbst entscheiden. Ist klar.

Mutter:

> Liebe Eltern, morgen und übermorgen gibt es Geflügel im Menü für unsere Kinder. Ich werde die Nachmittagsbetreuung anschreiben und bitten, zum Thema Vogelgrippe Stellung zu nehmen. Meine Kinder werden morgen das Fleisch definitiv nicht essen. Jeder muss natürlich für sich entscheiden. Zum Thema Essen in der Schule kommt die Woche mehr via E-Mail. LG

Vater:

> Bitte das Gesundheitsamt einbeziehen.

Falsches Ausflugsziel:
So wird das aber nichts mit der
Doktorarbeit!

Und dann kommt der Tag, an dem ein **Klassenausflug** geplant ist. Man kann nur allen Eltern empfehlen, um diesen Termin herum die Elterngruppe auf stumm zu stellen. Einer unruhigen zweiten Klasse in München hatte die Klassenlehrerin einen Tagesausflug versprochen, wenn sie es schaffen würden, sich durch rücksichtsvolles Verhalten mehrere Sternchen zu verdienen. Im Klassenverband wurde abgestimmt, wohin es gehen sollte. Aus mehreren selbst eingebrachten Alternativen hatten sich die Kinder dann für einen Indoorspielplatz entschieden. So weit, so gut? Mitnichten. Bei einem Elternstammtisch ereiferten sich einige Eltern – weil ihnen das Ausflugsziel pädagogisch nicht wertvoll erschien. Und das spielte sich natürlich auch im Klassenchat ab.

> Hallöchen, es tut mir leid, dass ich eine alte Streiterei noch mal ins Leben rufe … Ihr habt bestimmt den Brief bez. des »Ausflugs« bekommen. Ich habe dort offiziell bestätigt, dass ich nicht einverstanden bin. Was meint Ihr dazu?

Guten Morgen, wir haben uns für Frieda damit einverstanden erklärt. Es gibt sicher bessere Ausflugsziele im Sommer, aber dieses ist besser als keines; und wenn es der Zweitwunsch der Mehrheit der Kinder war, ist es sicher nicht grundsätzlich verkehrt, dies zu respektieren. Besten Gruß, Daniel

Die Mehrheit der Eltern, die beim Elterntreffen Anfang der Woche anwesend waren, hat sich nach Absprache darauf geeinigt, dass der Wunsch der Kinder und die Abmachung zwischen der Klassenlehrerin und der Klasse nicht untergraben wird und der Ausflug so stattfindet. Eltern, die damit nicht einverstanden sind, können ihre Kinder beim Schulbüro vom Ausflug abmelden. Für nächstes Jahr will die Mehrheit der anwesenden Eltern dann Verbesserungsvorschläge zum Thema Ausflüge machen, um ähnliche Situationen wie diese zu vermeiden. Ich denke, damit sollten wir das Thema dann auch abhaken. Viele Grüße, Ana

Ehrlich gesagt fand ich den Brief passiv-aggressiv. Und ich verstehe nicht, was es bedeuten soll, zu fragen, ob wir den Ausflug unterstützen. Als Beschäftigte in der Hochschuldidaktik kann ich diesen Ausflug natürlich nicht unterstützen.

Melina wird an dem Ausflug teilnehmen, aber unsere Unterstützung ist ausgeschlossen. Ich werde das natürlich offiziell per Post erklären. Das bedeutet auch, demokratisch zu agieren, denn Unstimmigkeit ist Teil der Demokratie. Meine Meinung.

Sehe ich genauso: Zum Wohl des Kindes wird Lasse teilnehmen dürfen. In puncto Unterstützung werde ich mich am dritten Newtonschen Gesetz orientieren.

Also, ich hätte mir für die Sommerzeit auch ein anderes Ziel gewünscht. Aber wenn es der Wunsch der Kinder war, dann sehe ich es wie Frau Bühler, dass man das respektieren sollte. Es geht hier ja schließlich um eine Belohnung, nämlich für das Sammeln der Klassensterne. Insofern kann ich es nicht verstehen, warum einige auf dem pädagogischen Anspruch rumdiskutieren. Darf es den Kindern nicht auch einfach mal nur Spaß bringen? Man muss auch mal die Kirche im Dorf lassen. Wir reden hier von einem Klassenausflug der 2. Klasse und nicht von einer Doktorarbeit!

Sollte die Schule nicht ein pädagogisches Ziel haben? Wenn die Kinder nicht schon in der Schule lernen, dass Lernen auch Spaß machen kann, dann gibt es sicher keine Doktorarbeit!

Notiz an den von der letzten Nachricht betroffenen Zweitklässler: Deine Eltern haben in den kommenden 25 Jahren noch einiges mit Dir vor. Viel Glück mit der Promotion.

Tafelbilder landen im Internet

WhatsApp-Gruppen sind außerdem ein entscheidendes Tool für hoch motivierte Eltern, um einen **reibungslosen Informationsfluss** zwischen Schule und Eltern sicherzustellen. Denn die Kommunikationskultur von Schulen war lange Zeit unerträglich anfällig: Die Kinder mussten per »Ranzenpost« einen Zettel in der Postmappe nach Hause transportieren und daran denken, ihn den Eltern vorzulegen – was dann halt manchmal tagelang vergessen wurde. Früher mussten sich schon Grundschüler der ersten Klasse die Hausaufgaben im Heft notieren – was dann halt auch manchmal vergessen wurde. Heute entwickeln Helikopter-Eltern Workarounds für dieses unzuverlässige System, schnurstracks an den Kindern vorbei. Das berichten etwa diese genervten Grundschullehrerinnen:

Auch eine Form von Schüleraustausch
»An unserer Schule ist es üblich, dass der erste Elternabend schon vor den Sommerferien stattfindet. Ohne dass ich es gemerkt habe, haben die Eltern noch am selben Abend eine WhatsApp-Gruppe gebildet. Eigentlich nichts Verwerfliches. Doch wofür die genutzt

wird: Vom ersten Kind, das heimkommt, wird alles, was an diesem Schultag ins Heft geschrieben oder gemalt wurde, abfotografiert, und die betreffenden Eltern stellen es in die Gruppe, damit alle auf demselben Stand sind. Das hilft den Kindern langfristig nicht. Auch morgens vor dem Unterricht wird fleißig geschrieben, wer wo im Stau steht. Wem hilft das? Was soll diese Information?«

Die Klassenlehrerin einer 4. Klasse zieht Konsequenzen:

»Eltern fotografieren mein Tafelbild nach Schulschluss ab und schicken es in einer WhatsApp-Gruppe herum. Die Gründe dafür kann ich mir nicht erklären. Nun lasse ich nichts mehr an der Tafel stehen, da ich mich völlig kontrolliert fühle.«

Kita-Kinder mit eigener Gruppe

Nach der Einschulung berichtet eine Mutter der Lehrerin, wie toll sie es findet, dass in der Klasse ihrer Tochter so viele Kinder aus ihrer ehemaligen Kita-Gruppe sind.

Lehrerin: »Das ist eigentlich nicht so gewollt, aber manchmal nicht vermeidbar.«

Mutter: »Das Schöne ist doch, dass die Kinder ihre WhatsApp-Gruppe nur in ›1. Klasse‹ umbenennen müssen.«

Lehrerin: »Wie jetzt? Die Kita-Kinder hatten schon eine WhatsApp-Gruppe?«

Mutter: »Ja, klar. Die Eltern natürlich auch, und die haben das alles voll unter Kontrolle!«

Nicht alle Eltern machen fröhlich beim Gesimse mit, einige verweigern sich auch der Nachrichtenflut, um der digitalen Erschöpfung vorzubeugen, »für die Psychohygiene«, wie es eine Mutter ausdrückte. Mit ihrem Rückzug aus den Whats-App-Gruppen habe sie sich allerdings nicht beliebt gemacht:

Mein Kind muss nicht selbst denken!

»Die WhatsApp-Gruppe der Eltern unseres Sechstklässlers habe ich verlassen, als öffentlich darin diskutiert wurde, ob die Lehrerin für den Schwimmunterricht Badekappen aus Gummi vorschreiben solle, damit sich die Mädchen nicht erkälten. Als ich erwähnte, dass das Gehirn eines zwölfjährigen Mädchens und ein Klappföhn eine unschlagbare Kombination gegen Erkältung seien, fanden mich vier ›Muddiehs‹ richtig doof. Seitdem bin ich nur noch in einer Gruppe, in der wir die Fahrgemeinschaft koordinieren. Kurz und schmerzlos.«

Shitstorm in der Sportgruppe

»Mein Sohn durfte an einem Samstag bei schönstem Wetter den einen Kilometer über einen Feldweg allein mit dem Rad zurücklegen, um zum Sporttraining zu fahren. Dies löste in der dazugehörigen Eltern-Whats-App-Gruppe einen Shitstorm aus. Tenor: absolut grenzwertig! Wie ich es wagen könne, anderen Menschen die Verantwortung dafür zu übertragen, ein Auge darauf zu haben, ob er auch ankommt. Ich müsse meinen Sohn selbstverständlich fahren. Ich erklärte geduldig, dass es einen Unterschied zwischen Bewahren und Erziehen gibt. Die Antwort: ›Ohne Worte.‹ Ich machte ein Diskussionsangebot bei mir im Garten, beim Grillen. Die Antwort: ›Jetzt wird's albern.‹«

Natürlich gibt es Elternchats nicht nur in Schulen und Kindergärten. Auch für **jede Sportmannschaft** gründen Eltern eine neue Gruppe. Das ist sinnvoll, um mitzuteilen, wenn das Training mal kurzfristig ausfällt, eine Mitfahrgelegenheit gesucht wird oder der Trainer die Aufstellung für das nächste Spiel bekannt gibt. Doch natürlich bleibt es nicht beim Organisatorischen. Auch dort wird getippt, bis die Finger wund sind: Sagt ein Kind wegen Erkältung ab, wünscht sofort ein Dutzend Mütter mit Emojis gute Besserung.

Außerdem gibt es im Sport noch die immens wichtigen Kleiderfragen. Zum Saisonabschluss etwa machte eine Hockeymannschaft von Siebenjährigen einen Ausflug. An dem Samstag um neun Uhr brummte die Hockey-Chatgruppe ohne Unterlass. Der Grund: Torben und seine Mutter konnten sich nicht über **das richtige Outfit** einigen – Torben wollte im Trikot los, seine Mutter favorisierte ein anderes T-Shirt. Da suchte die Mutter natürlich **Hilfe im Elternchat**:

Guten Morgen! Hier wird gerade über die Kleidung diskutiert. Könnte mir bitte jemand bestätigen, dass Eure Kinder nicht im Trikot zum Ausflug fahren?

Bei uns ist kein Trikot vorgesehen.

Wir kommen auch in Zivil.

Sander könnte noch wechseln, wenn das hilft?

Also, wir würden uns dem Dresscode anpassen ;-)

Wir sind jetzt unterwegs! Das Trikot ist als Wechselgarnitur dabei!

Überhaupt scheint es Müttern ziemlich wichtig zu sein, in welchem Outfit der Sohnemann auf dem Fußballplatz erscheint. So ist es für viele zum Beispiel nicht ersichtlich, warum der Trainer immer nur den einen Trikotsatz benutzt, wo es doch auch die schicke Zweitgarnitur gibt. Dazu kann man auf jeden Fall noch mal ein paar Nachrichten quer durchs Internet in den **Fußball-Chat der 3. F-Jugend** schicken, oder? Man wird doch mal fragen dürfen?

Noch mal zur Erinnerung: Wir treffen uns morgen um 10:15 Uhr auf dem Platz. Gespielt wird in den BLAUEN Trikots, wer noch welche zu Hause hat, bitte mitbringen.

> Warum tragen die Kinder nicht die blauroten Trikots?
> Die sind doch viel schöner.

> Wir haben von dem blauroten Satz nicht genug.

> Können wir nicht alle beide Trikots mitbringen und gucken,
> ob es vielleicht doch reicht? Wir haben das ja extra ange-
> schafft, und nun möchte Max das auch mal tragen.

> Nein. Wir spielen morgen in den BLAUEN.

O ja, Helikopter-Eltern spielen so gern dieses Spiel, das
»Wessen Vorschlag setzt sich durch?« heißt. Jede Kleinigkeit
in Kindergarten, Schule und Verein wird basisdemokratisch
diskutiert und abgestimmt. Sieger ist derjenige, dessen Vorschlag umgesetzt wird. Und wenn gerade kein Elternabend
in Sicht ist, muss das eben im Elternchat geschehen. Etwa
wenn der **Geburtstag einer Erzieherin** ansteht – welche
Mutti hat da wohl die tollste Idee? Die ersten zehn Nachrichten sehen dann so aus:

> Liebe Miteltern, am 3. April hat Julia Geburtstag. Jedes
> Kind soll bitte morgens wieder eine Blume mitbringen.
> Jetzt die Frage: Was schenken wir? Ich schlage etwas Süßes
> und eine Flasche Champagner vor.

> Weiß nicht. Mag Julia überhaupt Champagner?
> LG Steffi

Also, wir bekommen den auch manchmal geschenkt, aber trinken ihn nie. Ich habe die letzten drei Flaschen immer noch im Keller.

Hallo, Alkohol finde ich jetzt auch etwas einfallslos. Bin eher für etwas Persönliches.

Guten Abend. Also erst mal großes Danke an Bensu, dass Du Dich kümmerst!! Julia malt doch gerne, oder? Vielleicht einen Gutschein für Boesner? Grüße von Annette

Find ich gut. Danke, Bensu!

Super Idee. LG Rania

Okay, dann besorge ich einen Gutschein. Über wie viel denn? In der Gruppenkasse sind noch 102,50 Euro. Sollen wir so 40 oder 50 Euro sagen?

Hallöchen, ich mische mich mal kurz ein. Hatten wir letztes Mal nicht einen Kino-Gutschein? Jetzt wieder einen Gutschein? Danke für die Orga, Bensu!

Ja stimmt, Kino-Gutschein war letztes Jahr.

Guten Abend, wie wäre es, wenn wir eine hübsche Keksdose besorgen? Und dann backen alle Kinder zu Hause Kekse und bringen einen mit. So hat Julia dann 24 verschiedene Kekse. LG Chris

Wie schön: 24 Familien backen zu Hause zwei Stunden lang Kekse, um jeweils EINEN davon zu verschenken. Die Erzieherin hat dann eine Dose mit 24 von Kinderfingern angefassten Keksen. Mal ehrlich: Dieses Geschenk erfordert maximalen Aufwand für ein minimal attraktives Ergebnis. Würg.

Mayday, Mayday! Wo ist Louisas Freundebuch?

Leben mit Kindern bedeutet übrigens auch, an einem Wochenende **morgens um sieben Uhr schon elf neue Nachrichten** im Elternchat der Klasse 2b zu finden. Wer jetzt denkt, da sei vielleicht etwas Dramatisches passiert, was unbedingt über Nacht noch geklärt werden musste, liegt genau richtig. Die kleine Louisa hat nämlich am Freitagabend ihr Freundebuch nicht gefunden.

> Hallo in die Runde, hat jemand noch Louisas Freundebuch? Wir haben alles durchsucht, können es aber nicht finden. Louisa vermisst es schon sooo sehr.

> Wir haben es nicht.

Wir haben es auch nicht :-(

Bei uns ist es nicht.

Wir haben es nicht.

Nee, sorry.

Ich habe gerade gesucht, aber bei uns ist es nicht.

O nein! Das von Tine ist auch mal verloren gegangen. Ich hoffe, es taucht wieder auf!

Wir haben es nicht.

Ich schaue gleich morgen früh, ist gerade so dunkel im KiZi.

Falscher Alarm! Haben es gefunden! Soooooorrryyyyyy :-)))))

Oh, Kind, dein Wille geschehe. Everytime, everywhere. Nicht nur zu Hause, sondern auch in anderen Familien. Manche Eltern scheinen so große Angst vor dem Jähzorn ihrer Kinder zu haben, dass sie sich nicht mal trauen, ihnen etwas entgegenzusetzen, wenn die Kleinen erratisch ihre Wünsche ändern. Wenn der siebenjährige Alejandro mal wieder spontan seine Pläne umwirft, soll sich doch bitte die

Umwelt seinem Wankelmut anpassen. Lieber ein paar **Nachrichten schreiben**, als Streit mit Alejandro anzufangen:

> Hallo, Sabine, leider klappt es doch nicht mit der Verabredung heute, Alejandro möchte nun unbedingt zum Fußball.

> Oh, nun gut. Schade.

> Möchte Benni vielleicht morgen nach der Schule mit zu uns kommen? Alejandro möchte Benni so gern sein neues Spaceshuttle zeigen ;-)

> Ja, das geht. Benni freut sich.

> Liebe Sabine! Alejandro möchte nun doch lieber bei Euch spielen. Wann holst Du die Kinder denn in der Schule ab?

> Okay. 16 Uhr.

> Prima. Könntest Du dann bitte seine gefütterten Gummistiefel und die schwarze Regenhose mitnehmen? Die brauchen wir nämlich am Wochenende.

> Auch das. Bis morgen.

Es gibt ja auch vernünftige Eltern, die ihren Kindern etwas zutrauen. Die sie zum Beispiel mit sieben Jahren 300 Meter allein nach Hause gehen lassen, wenn sie in der Nachbarschaft zum Spielen verabredet waren. Doch was, wenn das die andere Mutter voll gefährlich findet?

> Hallo, Karolina, hier ist Sandra. Jan geht nach dem Spielen bei Euch allein nach Hause, schickst Du ihn gegen 18 Uhr los?

> Wir können ihn gern vorbeibringen!

> Danke. Jan findet es cool, allein zu gehen.

> Wäre aber kein Problem!?

> Es sind nur 300 Meter, die schafft er.

> Wenn Du meinst.

Jetzt kennen Sie den Grund, warum Helikopter-Eltern so oft auf ihre Smartphones schauen – sie empfangen alle paar Sekunden neue Nachrichten im Elternchat. Dann doch lieber Face-to-Face-Kommunikation, denken Sie? Na ja. Helikopter-Eltern **im Supermarkt oder auf dem Spielplatz zu treffen** kann auch aufreibend sein. Blättern Sie ruhig um.

Spuren der Verwüstung in Supermärkten und Cafés: Mein Kind darf alles, überall!

Sie kennen sicherlich das afrikanische Sprichwort, wonach es ein ganzes Dorf braucht, um ein Kind großzuziehen? Das bedeutet: Auch Nachbarn, Bekannte und Fremde sollten sich in die Erziehung von Kindern einmischen, damit diese gut gelingt. Für Helikopter-Eltern ist eine solche Vorstellung der größtmögliche Übergriff. Nur sie allein können und dürfen das Verhalten ihres Kindes beurteilen und kommentieren – und zwar völlig unabhängig davon, wie unmöglich sich ihr Nachwuchs benimmt und ob sie es überhaupt selbst mitkriegen. Das führt dann zu Szenen wie: Ein Kind tritt im Flugzeug stundenlang in die Rückenlehne des Vordermanns, der sich irgendwann über dem Atlantik schließlich dazu durchringt, sich umzudrehen und das Kind freundlich zu bitten, dies zu lassen. Doch wehe, es handelt sich um ein gehelikoptertes Kind. »Er hat doch gar nichts gemacht!«, »**Meckern Sie mein Kind nicht an!**«, »Es ist ein Kind – stellen Sie sich nicht so an!« – das sind noch nette Reaktionen der dazugehörigen Eltern. Viel Spaß mit Helikopter-Eltern und ihrem Nachwuchs in Geschäften, Hotels und zu Gast bei Freunden.

Laden mit Hubschrauberlandeplatz: Helis in Geschäften und Hotels

Ein Merkmal von Helikopter-Eltern ist ja, dass sie ihre Kinder niemals aus den Augen und am liebsten nicht mal von der Hand lassen. Manchmal tun sie dies aber doch – und die Kinder tun dann altersgerechte Dinge, die jedoch nicht unbedingt kompatibel sind mit der Umgebung, in der sich Mami und Papi gerade aufhalten: Supermärkte, Boutiquen, Restaurants, Hotels, Friseurläden. An soziales Verhalten darf man in solchen Situationen jedoch nicht appellieren.

Eine Supermarkt-Mitarbeiterin erzählt:
»Eine Mutter kommt mit ihrem etwa acht Jahre alten Sohn und einem Kindereinkaufswagen in den Laden. Der Sohn fährt ständig gegen Regale und lehnt sich auf den Wagen, sodass die Reifen schon nach außen gedrückt werden. Ich bitte die Mutter, ihren Sohn zurechtzuweisen, schließlich kostet so ein kleiner

Einkaufswagen ordentlich Geld. Doch die Mutter antwortet: ›Nein, mein Sohn bekommt von mir keine
Anweisungen, was richtig oder falsch ist. Er muss das
allein einschätzen können.‹«

Erziehung? Mir doch wurscht!

»Ein Kind, das beim Metzger die übliche Wurstscheibe
erhalten hat, wird von einer anderen Kundin freundlich aufgefordert, sich zu bedanken. Daraufhin erläu-
tert die Mutter, dass das Kind sich nicht zu bedanken
habe. Schließlich handele es sich hier um eine Dienst-
leistung, die der Metzger anbiete, um seinen Verkauf
anzukurbeln.«

Ursache und Wirkung

»Kürzlich in einer Boutique in Hamburg-Eppendorf:
Eine Mutter probiert ein teures Outfit, ihr fünfjähriger
Sohn schlägt derweil mit einer Metallschnalle auf den
Spiegel ein. Die Verkäuferin macht sehr freundlich dar-
auf aufmerksam, dass der Spiegel kaputtgehen könne.
Darauf die Mutter empört: ›Machen Sie sich lieber
Gedanken darüber, dass sich mein Sohn verletzen
könnte!‹«

Genau! Kaputtgehen kann nämlich grundsätzlich nur eins:
die zarte Kinderseele.

Trauma im Biosupermarkt

»Im Kassenbereich eines Münchener Biosupermarkts

reißt ein circa achtjähriger Junge gelangweilt einen Müsliriegel nach dem anderen aus der Umverpackung, um ihn danach unmotiviert auf den Fußboden zu werfen. Die Bitte der etwas schüchternen Kassiererin, damit aufzuhören, ignoriert er mit einem frechen Grinsen. Als ich ihn hörbar genervt auffordere, sofort damit aufzuhören, fliegt umgehend der mütterliche Helikopter um die Ecke. Als der Sohn sie erblickt, fängt er auf Knopfdruck an zu heulen und wird umgehend mit irgendwelchen Globuli beruhigt, um das Trauma zu überwinden, das ich ihm zugefügt habe. Die Kassiererin und ich schauen uns kurz ratlos an, während mich die Mutter pausenlos beschimpft.«

Hochbegabung sticht Gemeinschaftssinn

»Es ist Freitag um 17:30 Uhr, der Supermarkt ist brechend voll, alle möchten schnell ins Wochenende. Ich komme hinter einer Familie in den Laden: Mutter, Vater, Kind und vermutlich die Großeltern. Sie schieben einen Einkaufswagen vor sich her, darin zwei blaue Ikea-Tüten voller Plastikflaschen, dazwischen sitzt das Kind. Der Grund dafür wird klar, als die Gruppe den Pfandautomaten erreicht: Das Kind wird hingestellt, und ihm wird eine Flasche in die Hand gedrückt. Dann wird der Wagen so positioniert, dass das Kind mit ausgestrecktem Arm und Mutters Hilfe die Flasche gerade so in das Loch bugsieren kann. Die Familie bricht in Lobeshymnen aus, was für ein intelligentes Wesen es doch sei. Leider bleibt es nicht bei einer Flasche: Der gesamte Inhalt beider Ikea-Taschen wird von dem hochbegabten Kind unter Beifallsstürmen in den Automaten gehievt. Ich werde meine Flaschen bei diesem Einkauf nicht los, und als ich längst bezahlt habe, ist das Spektakel noch immer nicht zu Ende und die Schlange am Automaten entsprechend.«

Unmündig

»Letztens in einer Bäckerei: Ich stelle mich an die Theke, vor mir stehen eine ältere Dame und ein Mädchen, ungefähr sechs Jahre alt. Die Dame bestellt einen Kaffee und setzt sich an einen Tisch. Das Kind bleibt stehen, sagt aber nichts. Ich frage das Mädchen, ob es etwas kaufen möchte. Es schaut mich nur wortlos an. Ich gehe davon aus, dass die beiden zusammengehören und das Kind nur gucken will. Also bestelle ich meinen Kaffee. In der Sekunde kommt von draußen die Mutter des Mädchens reingerauscht und fährt mich an, was mir einfiele, mich vorzudrängeln. Sie hatte die ganze Zeit vor der Bäckerei gestanden und wollte durchs Fenster beobachten, wie ihre Tochter selbstständig etwas kauft. Leider war ihr nicht eingefallen, der Tochter zu erklären, dass man dafür den Mund aufmachen muss.«

Kind schläft NIE wieder

»Ich habe lange in einem Kinderfachgeschäft gearbeitet. Eines Tages stand eine völlig aufgelöste Mutter vor mir: Ein Reifen am Kinderwagen war während eines

Spaziergangs geplatzt. Durch die plötzliche Erschütterung sei das Baby aufgewacht, und seither sei der Biorhythmus des Kindes zerstört. Überhaupt könne das Kind nun gar nicht mehr schlafen, da es generell nur im Wagen eingeschlafen sei und dieser ja nun kaputt sei. Dafür wollte sie uns haftbar machen.«

Haftbar machen könnte – wenn überhaupt – dieses Hotel einige Eltern, doch die meisten Gastgeber sind in Bezug auf **randalierende Kinder** offenbar recht kulant. Die Angst vor dem Vorwurf der Kinderfeindlichkeit verhindert auch noch so berechtigte Schritte gegen Erziehungsverweigerer. Die Mitarbeiter stöhnen trotzdem.

Krickelkrakel an der Hotelwand

»Ich arbeite in einem Tagungshotel, übers Wochenende sind aber häufig auch Familien bei uns zu Gast. Wie sich manche Kinder verhalten, ist erschreckend. Noch schlimmer ist allerdings, dass die Eltern nur danebenstehen und seelenruhig lächeln. Die Kinder spielen Fangen im Restaurant, laufen in die Küche, werfen mit Essen. Sie bemalen Wände und Kissen in den Zimmern – und die Eltern argumentieren fleißig, warum das schon in Ordnung sei. Ein Kind hat mal versucht, ein Zimmermädchen im Badezimmer einzusperren. Die Eltern haben das hinterher ernsthaft so begründet: Die Frau habe das Kind verängstigt, weil sie kein Deutsch gesprochen habe.«

Hat die Friseurin das schön gemacht, Schatzi?

»Ich bin Friseurin. Wenn ich Kindern die Haare schneide, fragen viele Eltern ihre Kleinen hinterher, ob sie mit dem Haarschnitt zufrieden seien. Einige sind erst drei Jahre alt. Sagen die Kinder Nein, fangen wir noch mal von vorne an.«

Grenzenloses Verständnis: Helis in freier Wildbahn

Schon klar: Wenn die Kinder laut sind, brüllen und alle genervt gucken, kann das für die Eltern superanstrengend sein. Aber manchmal sind die Kinder total entspannt – nur die Helikopter-Eltern leider nicht.

Eine aufgedrehte Mutter samt ungefähr fünfjähriger Tochter und Baby betritt einen Linienbus. Das Mädchen beobachtet ruhig die Situation, die Mutter dagegen ist hyperaktiv und laut. Der gesamte Bus wird Zeuge ihres zuckersüßen Übermutter-Auftritts:

Mutter: »Lotta! Wo willst du sitzen? Auf der Kinderbank?«
Tochter: »Nein.«

Mutter: »Neben deiner Püppi?«

Tochter: »Nein.«

Mutter: »Wo willst du denn sitzen, Schatz?«

Lotta schweigt.

Mutter: »Wenn du magst, kannst du deine Mütze ausziehen, so wie Thore.«

Mutter zeigt aufs Baby, Lotta guckt in die Gegend.

Mutter: »Es ist auch gar nicht weit, nur drei Stationen. Wir könnten ›Meine Oma fährt im Hühnerstall Motorrad‹ singen.«

Lotta guckt vor sich hin.

Mutter: »Willst du vielleicht noch eins?«

Mutter reicht Gummibärchen, Lotta kaut.

Mutter: »Aber magst du nicht vielleicht doch deine Mütze ausziehen? Sonst schwitzt du ganz doll.«

Lotta schweigt.

Mutter: »Willst du auf meinen Schoß? Komm auf Mamas Schoß!«

Lotta klettert wortlos auf Schoß.

Berlin – Prenzlauer Berg:

»Eines Morgens sitzen wir draußen im Café. Neben uns auf dem Bürgersteig eine Mutter mit ihrem ungefähr dreijährigen Sohn. Der Junge heult und schreit. Offenbar will er nicht dorthin gehen, wohin er soll. Eine halbe Stunde lang drückt und herzt die Frau ihren schreienden Sohn, kniet vor ihm, und je mehr sie auf ihn einredet und je öfter sie ihm sagt, dass ›alles gut‹ sei, umso lauter brüllt er. Irgendwann fordert der

Junge lautstark seinen Vater, der offenbar bei der Arbeit ist. Was macht die Mutter? Sie ruft den Vater an, spricht verzweifelt mit ihm und gibt dann das Handy weiter ans Kind, das unverständlich ins Telefon schreit. Nach einer weiteren guten halben Stunde taucht der Vater tatsächlich auf und übernimmt den Jungen.«

Die Mutter sei selbst völlig fertig gewesen und den Tränen nahe, berichtet die Leserin, die diese Anekdote geschildert hat. Und wundert sich: »Warum schaffen es Eltern nicht mehr, ihren Kindern Grenzen zu setzen? Warum können sie keine Anweisungen geben? Warum können sie es nicht aushalten, dass ihr dreijähriges Kind mal nicht seinen Willen bekommt?« Viele scheinen zu glauben, dass zwischen Eltern und Kindern immer **völlige Harmonie** herrschen müsse – oder dass Eltern ihren Kleinkindern ihre Erziehungsmaßnahmen zumindest in schönstem Therapeutendeutsch und auf maximalem Abstraktionsniveau verklickern müssten.

»Mama muss leider übergriffig werden.«

»Ich bin mit meinem anderthalbjährigen Sohn auf dem Spielplatz, er spielt in der Sandkiste, ich sitze auf dem Rand. Neben mir eine Mutter mit einer Tochter im gleichen Alter. Ich bin direkt etwas irritiert, weil die Frau ihrer Tochter permanent etwas zuruft: ›Claaaaara, vorsichtig bitte!‹, ›Claaaaara, pass auf!‹ Dabei spielt die Kleine seelenruhig mit ihren Sandförmchen. Dann wollen sie gehen, und ich traue meinen Ohren kaum: ›Clara, es tut Mama sehr leid, dass Mama übergriffig werden muss, aber sie zieht dir jetzt die Schuhe an. Clara, Mama muss leider noch mal übergriffig werden und dir die Schnürsenkel zubinden. Mama tut das nur, weil du das noch nicht kannst.‹«

Läuft es mal nicht so rund mit dem Kind in der Öffentlichkeit, sind natürlich auch nur **die Mitmenschen** schuld, die unverschämterweise auch die Straße, das Café oder die Umkleide benutzen.

Darauf muss man erst mal kommen

»Ich sitze mit meiner vierjährigen Tochter am Fluss und werfe mit ihr Löwenzahn ins Wasser. Ich will ihr zeigen, wie schnell der Fluss fließt. Plötzlich kommt ein kleiner Junge zu uns gerannt, und ich kann ihn gerade noch davon abhalten, ins Wasser zu hüpfen. Kurz darauf schießt seine Mutter um die Ecke und keift mich an: Weil ich mit meinem Kind am Fluss sitze, sei ich ein schlechtes Vorbild für andere Kinder, die deshalb ertrinken könnten.«

SCHREIEN SIE MEIN KIND NICHT AN!

»Mit einer Freundin sitze ich im Café, neben uns Eltern mit einem ungefähr fünfjährigen Mädchen. Für alles, was das Kind tut, wird es vom Papi in den höchsten Tönen gelobt. Als die Eltern ein paar Meter weiter ans Buffet gehen, fängt das Mädchen an zu singen – und wird dabei immer lauter, bis wir uns kaum mehr unterhalten können. Die Eltern glänzen durch Gleichgültigkeit, bis eine andere Frau ganz ruhig zu dem Kind sagt: ›Kannst du bitte etwas leiser singen?‹ Sofort ist der Vater zurück am Tisch und donnert die Frau an, sie solle gefälligst sein Kind nicht anschreien. Dabei ist er der Einzige, der schreit. Und die Tochter fängt natürlich an zu weinen.«

Der will doch nur treten

»Ich stehe in der Umkleide meines Sportstudios am Schrank. Neben mir eine Mutter mit ihrem Sohn. Der Junge tritt die ganze Zeit an die Tür des Schranks neben mir, sodass diese unablässig gegen meine Schranktür knallt. Irgendwann bitte ich ihn, damit aufzuhören. Daraufhin die Mutter zu mir: ›Er darf das.‹ Und zu ihrem Sohn: ›Anton, mach weiter damit.‹«

Strafe darf nicht sein

»Zwei Kinder spielen auf dem Flur vor meinem Büro Fußball – mit einem Knall geht ein aufgehängtes Bild zu Bruch. Ich gehe hinaus, nehme ihnen den Ball weg und frage nach den Eltern. Die Kinder laufen weg, ich übergebe den Ball also der Hausverwaltung. Plötzlich kommt der Vater zu mir und beschwert sich: Indem ich ihnen den Ball weggenommen habe, hätte ich die Kinder verstört und verängstigt. Ich verweise den Vater auf den Schaden. Das mit dem Bild, sagt er, sei nicht so schlimm – aber mein Verhalten sei völlig inakzeptabel.«

Selbst **unter Freunden** kann es zu unangenehmen Situationen kommen. Denn: Wie reagiert man, wenn die gute Freundin oder der beste Kumpel plötzlich zum Helikopter mutiert?

Bäh!

»Ich übernachtete bei Freunden, deren Kind damals drei Jahre alt war. Ziemlich fassungslos war ich, als sie mich baten, nach 19 Uhr die Klospülung nicht mehr zu benutzen. Der Kleine könnte sonst wach werden.«

Schuldbewusst

»Beim Zelten im Sommer krabbelt die achtjährige Lisa, die Tochter einer Bekannten, mit Schuhen ins Zelt und verteilt dort jede Menge Tannennadeln. Ein Mitreisender beschwert sich bei dem Mädchen und bittet es, auszufegen und die Schuhe in Zukunft draußen zu lassen. Lisa rastet aus und brüllt: ›Was kann ich dafür, wenn Tannennadeln an meinen Schuhen sind?‹ Die Mutter schaltet sich ein: ›Lisa, das ist meine Schuld! Ich hätte dir das vorher besser erklären müssen.‹ Dann fegt die Mutter das Zelt aus, während Lisa sich zufrieden grinsend in die Hängematte legt.«

Aus Fehlern lernen? Fehlanzeige. Frustrationen erleben? Niemals. Kleine Missgeschicke im Alltag ausbügeln? Bloß nicht.

Haftpflicht statt Manieren

»Wir hatten Freunde mit ihrem Kind bei uns zu Gast. Am Tisch knallte der Junge die Tasse auf die Untertasse. Der Vater zur Mutter: ›Nimm ihm doch mal die Tasse weg.‹ Die Mutter daraufhin: ›Wieso, er muss doch lernen, dass Porzellan zerbrechlich ist.‹ Aber nicht mit meinem Geschirr, denke ich. Und als der Vater genau das ausspricht, kommt prompt die Antwort der Mutter: ›Wir haben doch eine Haftpflichtversicherung.‹«

»Mein Kind first, alles andere ist egal«, das scheint die Devise dieser Eltern zu sein. Sie möchten nicht akzeptieren, dass ihr Kind durch die Gesellschaft Einschränkungen erfährt. Dafür setzen sie alle Hebel in Bewegung – notfalls auch die Staatsgewalt. Lesen Sie im nächsten Kapitel von **Polizeieinsätzen**, ausgelöst durch Helikopter-Eltern.

Eltern in Alarmbereitschaft: Polizeiruf 110

Ob es um Schubsereien in der Kita, Schulnoten oder Studien-plätze geht: Stets mischen sich Helikopter-Eltern als Anwälte ihrer Kinder ins Geschehen ein, plustern sich wütend auf, werden laut, drohen Pädagogen mit dem Gang zum Vorge-setzten oder Ärzten mit schlechter Nachrede auf Social Media. Es gibt aber noch eine weitere Eskalationsstufe: Wenn sich ihr Gegenüber unbeeindruckt zeigt oder die Angst nicht zu bändigen ist, zücken sie ihr Telefon – und wählen die 110. Und ist diese Telefonnummer einmal ge-wählt, gibt es kein Zurück: Ein Einsatzwagen kommt, mag der Anlass noch so läppisch sein. Streitigkeiten um einen Parkplatz vor der Schule? Ein unbekannter Erzieher in der Nachmittagsbetreuung? Beschädigte Kleidung? Alles klar, die Polizei wird gerufen. Es gibt sogar Eltern, die aus Über-forderung eine Streife anfordern, etwa wenn das Kind nicht ins Bett gehen will. Das sind freilich nicht Eltern des Typs Helikopter, der überfürsorglich und ehrgeizig ist, aber doch Eltern, die meinen, zwei von Steuern finanzierte Polizei-beamte seien die richtige Adresse, an die man sich mit sei-nen privaten Erziehungsproblemen wenden könnte. Und manche denken, wenn ihre Kinder im Herbst Laterne laufen wollen, stehe den Dreijährigen eine Polizeieskorte zu wie bei einer Großdemonstration. Die Ordnungshüter, immer bemüht, ihr Freund-und-Helfer-Image zu unterstreichen, bleiben in den meisten Fällen freundlich, schlichten die Auseinandersetzungen auf dem Spielplatz und beim Sportwettkampf und überwachen Siebenjährige beim Zähneputzen. Chapeau vor so viel Gleichmut!

Auf Spielplatz und Schulhof: Gendarm ohne Räuber

Immer häufiger wird die Polizei zu Spielplätzen gerufen, und auch in Schulen haben die Beamten viel zu tun. Etwa, wenn Eltern morgens früh im Nieselregen nicht direkt vor der Schule einen Parkplatz finden. Oder wenn Eltern das Gesicht des neuen Erziehers nicht kennen. Und – Hilfe! – im Winter laufen verdächtig viele **Männer mit Schals** herum, und manche haben sogar ein Smartphone in der Hand. Besser, da informiert man gleich mal die Polizei.

Beim Fußball hört der Spaß auf
»Ich bin 16 Jahre alt und habe nachmittags mit meinen

Kumpels auf einem Schulhof Fußball gespielt. Ein paar jüngere Kinder, etwa sieben bis neun Jahre alt, wollten mitspielen, und wir haben sie gelassen. Die Eltern aber riefen die Polizei, weil wir uns ihren Kindern genähert hätten. Zwei Einsatzkräfte kamen, haben uns befragt und durchsucht. Die Eltern haben uns sogar als Vergewaltiger bezichtigt. Dabei haben wir doch nur gemeinsam Fußball gespielt.«

Eine Mutter berichtet:

»Neulich bei uns vor der Schule: Es ist Winter, es nieselt. Beide Behindertenparkplätze sind von fußfaulen Eltern belegt. Eine Dame, die den Berechtigungsschein gut sichtbar im Auto liegen hat, wird dadurch am Parken gehindert, und als sie darauf hinweist, wird sie übelst beschimpft. Die Insassen der beiden parkenden Autos schreien aus den Fenstern, eine Mutter versucht zu vermitteln. Schließlich ruft ein Vater die Polizei.«

Verdächtige Winterkleidung

Im hessischen Offenbach berichtete der Polizeisprecher über mehrere telefonische Meldungen von Kindern über Männer, die mit Schals vor den Gesichtern vor den Schulzäunen gestanden hätten. Es stellte sich heraus, dass die gefährlichen Gestalten Väter waren, die in der Winterkälte auf ihre Kinder warteten. Die Eltern hätten ihre Kinder derart übersensibilisiert, bei jeder Irritation die Polizei anzurufen, dass die Kleinen beim Anblick von Männern mit Schals sofort Angst bekamen: »Sie sehen Gefahren, wo keine sind«, sagte der Polizeisprecher.

Zwielichtiger Personalwechsel

»Die Nachmittagsbetreuung hatte einen neuen Erzieher eingestellt. Es war seine erste Arbeitswoche, und der junge Mann spielte mit den Kindern auf dem Schulhof Fußball. Als die Eltern ihre Kinder um 16 Uhr abholten, konnten sie sein Gesicht nicht zuordnen. Doch statt die anderen Betreuer oder die Schulleitung zu fragen, wer das denn sei, oder den Mann vielleicht direkt anzusprechen, wählten sie sofort die 110. Ein Einsatzwagen kam, und die Beamten durchsuchten den Erzieher vor den Augen der Kinder.«

Dubiose Displays

»Drei übereifrige Mütter unserer Grundschule haben neulich einen Mann mit einem Handy gesichtet: Der Mann stand in einer Straße in der Nähe der Schule und schaute auf sein Display. Sie vermuteten, er habe vor, ihre Kinder zu fotografieren. Deshalb haben sie ihn fotografiert und sind zur Polizei gegangen.«

Eltern in Angst und Rage:
Polizeieskorte für den Laternenlauf

Manche Eltern haben so viel Angst um ihr Kind, dass sie überall Böses vermuten. Insbesondere Männer kennen vermutlich die kampfbereiten Blicke kinderwagenschiebender Eltern, die zu sagen scheinen: »Ich sehe dir an, dass du meinem Kind etwas Böses willst.« Dieses übersteigerte Misstrauen gegen alle im öffentlichen Raum Anwesenden trifft auch gerne mal die Falschen, wie das Beispiel dieses jungen Mannes aus Berlin bestätigt:

> »Nach einem Abend im Kino wartete ich auf die Bahn. Mit mir waren drei Frauen jeweils mit Kinderwagen auf dem Bahnsteig. Die Frauen unterhielten sich, zu einer gehörte noch ein Junge von etwa fünf Jahren, der erst am Feuerlöscherkasten spielte und dann an der Bahnsteigkante. Er balancierte direkt an der Kante, und als ich die U-Bahn kommen hörte, griff ich nach der Schulter des Jungen und zog ihn von der Kante weg. Er schrie daraufhin wie am Spieß, und sofort beschimpften mich die drei Frauen und hinderten mich daran, in die Bahn zu steigen. Eine Frau rief sogar die Polizei. Sie sagte den zwei Beamten, ich hätte das Kind unsittlich begrapscht. Eine der Frauen kündigte eine Anzeige gegen mich an.«

Die Personalien des Mannes wurden aufgenommen, und er

benachrichtigte noch am selben Abend einen Anwalt. Doch zum Glück waren entweder die Frauen doch noch zur Vernunft gekommen, oder die Polizei hatte die Hysterie der Mütter richtig eingeordnet und den Vorgang dem Altpapier überantwortet. Jedenfalls hörte er von dieser Sache nichts mehr.

In der Hamburger Innenstadt sind Eltern so selbstbewusst, dass sie **Streifenwagen zur Belustigung** ihrer Kinder anfordern. In einem kleinen Kindergarten sollte, wie jedes Jahr zu Sankt Martin, ein Laternenfest stattfinden. Jahrzehntelang waren die Erzieher mit den Eltern, den Kindern und ihren selbst gebastelten Laternen abends im Park singend spazieren gegangen. Doch im vergangenen Jahr kam es anders, berichtet eine Erzieherin:

Ich geh' mit meinem Beamten

»Unser Laternenfest war immer schön für die Kleinen. Doch letztes Jahr übernahmen neu hinzugekommene Eltern die Organisation des Festes. Und diese Eltern fanden, es sei doch viel toller, wenn man eine kleine ›Laterne-Demo‹ anmelden würde, dann auf der Straße den Verkehr anhalte und dort mit den Laternen laufe, vor und hinter uns jeweils Streifenwagen als Eskorte. Wir Erzieher nahmen die Eltern beiseite und baten sie, das nicht zu tun, denn das habe ja für 30 Kleinkinder gar keinen Sinn. Doch die Atmosphäre wurde sofort zickig: Die Beamten garantierten ja schließlich auch für die Sicherheit der Kinder, im Park könne ja wer weiß was passieren. Die Eltern haben sich tatsächlich durchgesetzt, aber nächstes Jahr machen wir es definitiv wieder anders.«

Auch die Eltern bereits erwachsener Kinder sind mitunter so fürsorglich, dass sie von der Polizei zurechtgewiesen werden müssen. Eine Frau aus Dortmund sollte eigentlich nur die Haustiere ihres Sohnes versorgen. Doch die **Mutter des Studenten nistete sich in dessen WG ein**, stritt sich mit dem Mitbewohner und musste schließlich von der Polizei unter Zwang hinausbegleitet werden. Das Oberlandesgericht Hamm hatte darüber zu urteilen und entschied:

»Studentenmütter, die sich in der WG ihres Sohnes einquartieren, können notfalls von Polizisten aus der Wohnung geworfen werden. Mitbewohner dürfen die Polizei zu Hilfe rufen, um ihr Hausrecht durchzusetzen. Die Frau sollte sich während des Urlaubs ihres damals 26 Jahre alten Sohnes um seine Katzen und ein Meerschweinchen kümmern. Sie war aber nicht nur zum Füttern der Tiere gekommen, sondern gleich eingezogen. Das passte jedoch dem Mitbewohner nicht. Weil die Mutter nicht freiwillig ging, alarmierte er die Polizei. Bei dem Einsatz der Polizisten zog sich die Frau nach eigenen Angaben Prellungen und Blutergüsse zu. Dafür hatte sie vom Land ein Schmerzensgeld von 1200 Euro verlangt. Das Oberlandesgericht weist ihre Klage ab.«

Hubschraubereinsatz!
Mein Baby weint!

Manchmal ist die Polizei auch der letzte Strohhalm, an den sich Eltern klammern, wenn nichts mehr geht. Wenn kleine Babys schreien oder größere Babys bocken. Doch ob man fünf Monate alte Säuglinge mit einer Uniform wirklich beeindrucken kann? Von folgenden **Einsätzen bei überforderten Eltern** berichtete die Polizei:

Babyschicksal

»Ein 31-jähriger Vater im bayerischen Weiden hütete seine drei Kinder, Zwillinge im Alter von fünf Monaten und ein zweijähriges Geschwisterchen. Gegen ein Uhr nachts wachten die Kinder auf und hörten nicht mehr auf zu schreien. Die Mutter, die an diesem Abend Ausgang hatte, konnte der Mann nicht erreichen. Da wusste er sich keinen anderen Rat, als die Polizei zu Hilfe zu rufen. Die Beamten bauten den verzweifelten Vater auf und gaben einige gute Ratschläge, dann überließen sie ihn wieder seinem Baby-Schicksal.«

Zahnreinigung unter amtlicher Aufsicht

Eine Siebenjährige hat in Landshut einen Polizeieinsatz ausgelöst. Das Mädchen wollte partout nicht ins Bett gehen – und brachte seine Mutter damit zur Verzweiflung. Es kam zu einem heftigen Streit zwischen den beiden. Dabei beleidigte das Mädchen die

Mutter und bewarf sie mit verschiedenen Gegenständen. Als sich die 28-Jährige nicht mehr zu helfen wusste, alarmierte sie gegen 23 Uhr die Polizei. Die Beamten konnten die erhitzten Gemüter beruhigen, und eine Polizistin brachte das Mädchen nach »einer Zahnreinigung unter amtlicher Aufsicht« ins Bett.

Ärzte? Alles Betrüger!

»Ich bin Leiterin eines Rettungsdienstes. Einmal wurde ich von der Polizei zu einem Einsatz gebeten, weil die Mutter des verletzten Kindes sowohl das Team aus dem Rettungswagen als auch den Notarzt für inkompetent hielt. Sie hatte dem Notarzt unterstellt, er habe seine Doktorarbeit gefälscht, und die Polizei gerufen. Die Beamten versuchten, den Streit zwischen Mutter und Notarzt zu schlichten, und ich sollte bezeugen, dass alles seine Ordnung hatte.«

Und wo wir jetzt so schön in Alarmstimmung sind: Auch **in Krankenhäusern und beim Arzt** drehen Helikopter-Eltern frei. Wie sie Sanitäter, Ärzte und Pfleger in den Wahnsinn treiben und von der Arbeit abhalten, lesen Sie im nächsten Kapitel.

»Unsere Tochter hat einen Eiswürfel verschluckt!« Helikopter in der Notaufnahme

Wenn ein Krankenwagen mit Blaulicht losfährt oder gar ein Rettungshubschrauber startet, bedeutet das: Notfall. Es kann aber auch bedeuten: Helikopter-Eltern im Ausnahmezustand. »Wir haben heutzutage immer mehr **Einsätze wegen Bagatellverletzungen** von Kindern oder wegen sehr aufgeregter Eltern, die völlig hilflos sind«, berichtet ein Rettungssanitäter. Da wird schon mal wegen einer Schürfwunde ein Krankenwagen plus Hubschrauber gerufen, ernsthaft. Das kostet die Sanitäter und Notärzte Zeit und Nerven und die Allgemeinheit viel Geld. Richtig gefährlich wird es aber, wenn Eltern dann andererseits vor lauter Sorge, Unwissenheit und Kontrollwut eine dringend notwendige Behandlung ihres Kindes verzögern oder gar verhindern – weil das Kind »keine Spritzen mag« oder keine Schmerzmittel bekommen soll. »Generell sind **Helikopter-Eltern bei einem Kindernotfall das Worst-Case-Szenario**«, erzählt ein Sanitäter. Und eine Kinderchirurgin sagt:

»Diese Eltern sind so anstrengend, dass sie mir manchmal die Kraft und Konzentration für die wirklichen Notfälle rauben.«

Helis im Heli – Sanitäter erzählen

Natürlich machen sich Eltern Sorgen, wenn ihr Kind gestürzt ist, blutet, schreit. Aber haben sie so wenig Urteilsvermögen für Verletzungen, dass sie einen einmaligen »komischen Husten« mit lebensbedrohlicher Atemnot verwechseln? Leider ja. Lesen Sie selbst.

Eltern in Not

»Gegen 23 Uhr bekamen wir eine Notfallmeldung: Sechs Monate altes Kind mit Atemnot. Mit Blaulicht und Sirene fuhren wir hin. Als wir eintrafen, stand der Vater mit dem Kind auf dem Arm vor der Tür – es schlief. Dahinter die weinende Mutter. Auf die Frage, was passiert sei, antwortete der Vater: Das Kind habe einmal komisch gehustet. Alltag im Rettungsdienst.«

Eingebildete Kranke

»Ich kenne die Adresse schon, es ist nicht das erste Mal, dass wir mit Blaulicht zu dieser Familie fahren. Dieses Mal ist der dreijährige Sohn aus dem 50 cm hohen Bett gerollt. Die Male davor hatte er Schnupfen, hat komisch geatmet oder im Schlaf gestöhnt. Auch an diesem Abend sehen wir unsere Aufgabe als Rettungsteam darin, mit dem Jungen zu spielen, ihm das Blaulicht am Rettungswagen vorzuführen und die Mutter zu beruhigen. Die Frau, mit den Tränen kämpfend, fragt, ob wir glauben, dass ein Sturz aus dem Bett mit einer eventuellen Kopfbeteiligung eine spätere geistige Behinderung hervorrufen könnte. Während ich sie dahingehend beruhige, möchte ich ihr am liebsten entgegenbrüllen, dass ihre völlig überzogene Vorsicht vielleicht schon bald schwere psychische Störungen bei ihrem Kind hervorruft und aktuell ein Rettungswagen anderen Menschen nicht zur Verfügung steht. Aber ich lasse es, wünsche eine gute Nacht und denke: Bis zum nächsten Mal.«

Alarmstimmung

»Wir wurden mit dem Rettungshubschrauber zu einem Einsatz geschickt: Kind, sechs Jahre, Kopfverletzung. Als wir landeten, waren auch schon Polizei, Rettungswagen und Voraushelfer da, mit uns waren insgesamt neun Helfer anwesend. Wir fanden ein verängstigtes Kind mit einer Schürfwunde vor, die schon nicht mehr blutete. Der Kleine war beim Spielen zu Hause an einer

Tischkante hängen geblieben. Wir stellten die Eltern zur Rede, und schließlich gaben sie zu, die Situation beim Notruf absichtlich überspitzt dargestellt zu haben, um ihrem Kind die ›bestmögliche Behandlung, und zwar umgehend‹ zukommen zu lassen. Die nächste Kinderklinik sei schließlich 20 Kilometer entfernt, und die Fahrt wäre weder Sohn noch Eltern in dieser Situation zuzumuten gewesen. Konsequenzen für die Eltern: keine. Konsequenzen für die Allgemeinheit: vierstellige Kosten für die Krankenkasse und Blockade von drei Einsatzfahrzeugen und einem Rettungs-hubschrauber.«

Puh. Da kann man nur hoffen, dass die Ärzte und Sanitäter auch in Zukunft noch jedes Mal schnellstens zu einem et-waigen Notfall eilen und sich nicht irgendwann denken: Ach, die übertreiben wieder nur.

Ein Rettungsassistent erzählt:

»Diese Eltern sind leider eine der größten Herausfor-derungen in der Medizin. Eine Mutter wollte uns zwin-gen, die Funkgeräte und Telefone im Rettungswagen auszuschalten, da sich deren Strahlungen im Fahrzeug bündeln und einen Hirntumor verursachen könnten.«

Schon klar, die Strahlen im Krankenwagen machen krank. Was ist denn nun wichtiger, die Rettung des Kindes oder Elektrosmog-Prävention? Auch andere Mütter machen die Helfer verrückt – und ihre Kinder gleich mit.

Akute Verblutungsgefahr

»Ein etwa vierjähriger Junge war im Kindergarten gegen eine Tischecke gerannt und hatte eine kleine Platzwunde an der Stirn. Bei unserem Eintreffen war das Kind aber schon wieder total ruhig und einfach nur neugierig darauf, im Rettungswagen mitzufahren. Eine Erzieherin begleitete ihn und informierte die Mutter, die wir am Krankenhaus treffen sollten. Während der Fahrt war der Junge schon ganz gespannt auf das Krankenhaus. Dort angekommen, öffneten wir die Türen, um die Trage mit dem Jungen auszuladen – Kinder mögen es, auf der fahrbaren Trage zu sitzen, auch wenn es gar nicht nötig ist. Die Mutter rannte tränenüberströmt und völlig aufgelöst auf uns zu und redete auf ihren Sohn ein. Der fing prompt auch an zu weinen und ließ sich nicht mehr beruhigen. Ich versuchte der Mutter zu erklären, dass das eine Bagatellverletzung sei und quasi einem Schnitt in den Finger gleichkäme, nur eben am Kopf. Die Mutter fing an zu beten und weinte noch mehr. Es sei ja so dramatisch, und sie könne Blut an der Stirn sehen, er könne verbluten oder gar sterben. Ich habe es nach ein paar Versuchen aufgegeben und sie mit ihrem ›schwerstverletzten Kind‹ in der Notaufnahme an das dortige Personal übergeben.«

Merkwürdige Prioritäten

»Spätabends rief uns eine Frau wegen Blutungen in der Schwangerschaft. Als wir eintrafen, stand sie bereits vor dem Haus und wartete. Ich bat sie in den Rettungswagen, um eine Anamnese zu machen, und riet ihr kurz darauf, mit in die Frauenklinik zu fahren. Sie war einverstanden, aber nur wenn ihr zweijähriges Kind mitfahren dürfe. Das lehnte ich aus versicherungs- und platztechnischen Gründen ab. Ein Rettungswagen ist kein Spielplatz, zumal der Vater im Auto hinterher- kommen wollte. Nach kurzer Diskussion wollte die Frau dann letztlich doch lieber nicht mit uns fahren, da sie bis jetzt noch nie – und zwar wirklich nie – von ihrem Kind getrennt gewesen war. Die Fahrzeit hätte maxi- mal zehn Minuten betragen.«

Das arme Kind wird die Geburt seines Geschwisterchens vermutlich live im Kreißsaal miterlebt haben – ganz nah bei der schreienden und blutenden Mutter. Was für ein Horror.

»Bitte räumen Sie die Notauf- nahme – mein Kind soll sich nicht anstecken!« Helis im Krankenhaus

Das Premiumkind hat in eine Brennnessel gefasst? Es hat sich den kleinen Zeh gestoßen? Oder einfach nur komisch geguckt? Dann heißt es für Heli-Eltern: ab in die Notaufnah- me! »Ich glaube, viele Eltern haben keine Grundkenntnisse mehr über banale Erkrankungen«, sagt eine Ärztin. »Wer mit einem Kindergartenkind, das gespuckt oder seit einem

Tag Fieber hat, in die Notaufnahme fährt statt am nächsten Tag zum Kinderarzt, muss mal aufgeklärt werden über tatsächliche Indikationen für einen Krankenhausbesuch.«

»Sie hat so komisch geguckt«

»Ich bin Kinderärztin und habe schon viele absurde Fälle in der Notfallambulanz erlebt. Einmal kamen im Hochsommer besorgte Eltern mit einem putzmunteren Kind, etwa vier Jahre alt.

Eltern: ›Unsere Tochter hat einen halben Eiswürfel verschluckt!‹

Ich: ›Äh, der ist doch jetzt geschmolzen?‹

Eltern: ›Sie hat dabei so komisch geguckt, vielleicht war das ein Krampfanfall?‹

Ich: ›Hm. Wer schon mal ungewollt ein Bonbon oder einen großen Bissen verschluckt hat, kennt sicher dieses unangenehme Gefühl, wenn man merkt, wie es runterrutscht.‹«

Hilfe, Keime in der Nase

»Eine völlig aufgelöste Mutter kam mit ihrer siebenjährigen Tochter in unsere Klinik: ›Meine Tochter braucht sofort einen Arzt! Es geht ihr ganz schlecht!‹ Das Kind sah allerdings völlig gesund aus und stand etwas ratlos neben ihrer Mutter. Was war passiert? Das Mädchen hatte sich den Kopf einer Lego-Figur in die Nase gesteckt. Dann hatte sie etwa zwei Minuten lang geniest, ehe das Teil wieder aus der Nase geschossen kam. Die Begründung der Mutter, warum es der Tochter nun angeblich so schlecht gehe: ›Haben Sie eine Ahnung, wie viele Keime auf diesem Ding gewesen sein können? Und die waren direkt in ihrer Nase!‹«

Heli-Alarm, im Job und privat

»Ich bin Kinderchirurgin und dreifache Mutter. Und mein Alltag wird von Helikopter-Eltern dominiert. 80 Prozent der Fälle in unserer Notaufnahme sind Bagatellen, bei denen die Eltern ›nur sichergehen wollen‹. Wenn wir allerdings nicht immer Verständnis dafür zeigen, dass – bei ohnehin steigenden Patientenzahlen und Arbeitsbelastung – solche ›Kleinigkeiten‹ unbedingt im Krankenhaus geklärt werden müssen, droht eine offizielle Beschwerde, in extremen Fällen auch eine Anzeige wegen unterlassener Hilfeleistung. Und obendrauf muss ich noch die schlechte Laune der Eltern wegen langer Wartezeiten ertragen. Das ist extrem frustrierend, erschöpfend und belastend, da man als Arzt die Pflicht hat, einen klaren Kopf für die wirklichen Notfälle zu behalten – was so leider nicht immer gelingt. Erholen darf ich mich auch nur mit schlechtem Gewissen, denn dann kommen sofort die Helis aus meinem privaten Umfeld: ›Wie, du lässt deine Kinder zwei Stunden länger in der Kita?‹«

Samstagmittag in der Hautklinik eines Krankenhauses:

»Mutter erscheint mit ungefähr sechsjährigem Sohn und präsentiert eine leicht gerötete Stelle am Arm des

Kindes: ›Er hat beim Spielen in eine Brennnessel gefasst, da muss dringend ein Arzt draufschauen.‹ Sie habe gegoogelt und herausgefunden, dass das Kind eine Allergie oder gar Würmer bekommen könnte. Ich rufe also den diensthabenden Arzt an und kann förmlich hören, wie er ins Telefonkabel beißt. Er gibt mir die Anweisung, der Mutter zu sagen, dass das Kind keinen Hautarzt braucht. Sie solle die Stelle einfach kühlen und eincremen und erst wiederkommen, wenn die Wunde zum Beispiel zu eitern anfängt. Der Mutter passt das natürlich nicht. Drei Stunden später bekomme ich einen Anruf von Kollegen aus der Notaufnahme, die wegen ebenjener Mutter und ihrem Kind mit der Hautklinik Rücksprache halten möchten.«

Thorben und sein Ausschlag

»Eine Mutter möchte am Wochenende den Notdienst in Anspruch nehmen, weil ihr vierjähriger Sohn ›so einen Ausschlag‹ habe und ›sofort‹ behandelt werden müsse. Der Arzt hat die gute Nachricht, dass dieser kleine Ausschlag völlig harmlos ist und von allein abheilen wird. Es gebe zwar ein Medikament, sagt er, das er dem Kind spritzen könne, das würde allerdings die Heilungszeit so gut wie nicht beeinflussen, er würde deshalb davon abraten. Daraufhin dreht die Mutter auf: ›Mein Sohn muss behandelt werden, sofort. Er darf aber keine Spritze kriegen, weil ich nicht will, dass er Angst vor Nadeln bekommt. Es kann doch nicht sein, dass es das nicht als Creme gibt. Dann müssen Sie sich eben ein anderes Medikament ausdenken.‹ Der Arzt teilt ihr dann mit, dass er das Medikament doch als Creme auftreiben konnte, und schmiert den Jungen mit etwas Nivea ein.«

Einige Eltern wissen sogar, dass nichts ist – und kommen trotzdem in die Notaufnahme. Denn: Dort haben die Mitarbeiter ja sonst nichts zu tun.

Geht's noch?
»Ein Vater kommt mit seinem vierjährigen Sohn in unsere Klinik, das Kind heult Rotz und Wasser. Der Vater: ›Hallo! Mein Sohn hat eigentlich nichts Ernstes, er hat sich lediglich erschreckt, als er beim Mittagsschlaf von einem schlechten Traum aufgewacht ist. Er hörte aber nicht auf zu weinen. Also habe ich ihm damit gedroht, dass wir in die Klinik fahren, wenn er sich nicht beruhigt. Könnten Sie ihn nicht einfach ein bisschen untersuchen, damit er merkt, wie unangenehm das ist, und beim nächsten Mal nicht so ein Theater macht?‹«

Andere Eltern kommen zwar, wollen aber gar nicht, dass ihr Kind untersucht wird:

Posttraumatische Belastungsstörung nach Ohrenarzt
»Ich bin Kinderärztin in einer der größten Kinderkliniken Deutschlands. Eines Nachts um drei Uhr

stellten sich sehr besorgte Eltern mit ihrem Sohn als Notfall vor. Der Zweieinhalbjährige sei vor einer halben Stunde mit Ohrenschmerzen erwacht, dabei sei er tagsüber doch noch putzmunter gewesen. Es entspann sich daraufhin folgender Dialog:

Ärztin: ›Haben Sie ihm denn schon etwas gegen die Schmerzen gegeben?‹

Eltern: ›Nein! Wir wollten doch das Untersuchungsergebnis nicht verfälschen!‹

Ärztin: ›Gut, dann würden wir ihm jetzt als Erstes Ibuprofen geben. Keine Sorge, das Ergebnis wird dadurch nicht verfälscht.‹

Eltern: ›Wie, jetzt hier, so einfach? Schmerzmittelsaft? Nein. Den mag er nämlich nicht. Er würde ihn auch sicher wieder ausspucken. Den würden wir ihm dann gern zu Hause in Ruhe und in seiner geschützten Umgebung verabreichen.‹

Ärztin: ›Gut, dann schaue ich mir jetzt mal beide Ohren an.‹

Eltern: ›Könnten Sie bitte in zehn Minuten noch mal wiederkommen? Wir würden ihn darauf gern etwas vorbereiten.‹«

Nach fünf Minuten kam die Familie zum Stationsbüro und ließ die Ärztin wissen, dass sie von der Untersuchung absehen möchte, da diese das Kind traumatisieren würde. Ob es nicht eine andere Methode gebe, die Trommelfelle zu beurteilen. Als die Ärztin dies verneinte, verließen die Eltern mit einem brüllenden Kind die Notaufnahme.

Solche Szenen kennt auch diese Schwester, die jahrelang in der **Kindernotaufnahme einer großen deutschen Uniklinik** gearbeitet hat:

Kind in Not!

»Helikopter-Eltern kenne ich zur Genüge. Es fängt damit an, dass sie im Wartebereich fordern, entweder sofort dranzukommen oder einen Extrawarteraum zu bekommen, sodass sich ihr Kind, das gerade quietschvergnügt die Rutsche benutzt oder sich mit anderen Kindern ein Bilderbuch ansieht, ja nicht ansteckt. Sind sie dann beim Arzt, geht es weiter: ›Warum untersuchen Sie das nicht, warum untersuchen Sie jenes nicht?‹; ›Mein Kind hat aber so schlimme Kopfschmerzen, die sind auf einer Schmerzskala bei 10, es braucht sofort ein CT und ein MRT, und wenn wir schon mal hier sind, möchten wir auch ein EEG und die Messung der Nervenleitgeschwindigkeit.‹ Versucht der Arzt dann, den Eltern zu erklären, warum diese Untersuchungen nicht nötig sind und das Kind gewiss keine Schmerzen hat, die auf einer Skala bei 10 liegen, weil es ruhig dasitzt, breit grinst und sich eigentlich pudelwohl fühlt, werden haarsträubende Argumente herbeigezogen, um eine Aufnahme zu erzwingen: ›Mein Kind könnte einen Tumor haben‹, ›Mein Kind könnte einen Schlaganfall haben‹, ›Mein Kind könnte eine Hirnblutung haben‹. Lässt sich ein Arzt dann tatsächlich dazu hinreißen, ein Kind zur

Beobachtung aufzunehmen, wird im selben Atemzug ein Einzelzimmer gefordert, es wird darauf bestanden, dass beide Eltern beim Kind bleiben dürfen, und, ach ja, freies WLAN ist auch nötig.

Dann gibt noch die Helikopter-Mütter von Babys und Kleinkindern, die ihre Kinder derart überbehüten, dass die Ärzte bei einem Säugling nicht einmal ordentlich die Reflexe testen können. Und sollte zum Beispiel eine Blutentnahme nötig sein, lehnen sie diese mit dem Argument ab, das würde bei ihrem Kind ein Trauma auslösen. Es gibt sogar Mütter, die in solchen Momenten ihre tatsächlich kranken Kinder von der Liege reißen und behaupten, ihrem Kind würde es im Krankenhaus noch schlechter gehen als zu Hause, und wir sollten ›die Finger von ihrem Kind lassen‹. Die meisten tauchen dann nach einigen Stunden oder spätestens am nächsten Tag kleinlaut wieder auf und verstehen trotzdem nicht, warum es ihrem Kind nun noch schlechter geht, sie hätten doch alles getan. Daran merkt man, dass Helikopter-Eltern ihren Kindern absolut nichts Gutes tun.«

Wenn sich überfürsorgliche Eltern bei der Anmeldung im Krankenhaus vorstellen, geben die Mitarbeiter ihren ersten Eindruck häufig direkt an die behandelnden Ärzte oder Pfleger weiter. »Wir schicken ein Kind hoch, es hat nichts, aber die **Eltern sind ängstlich und überfordert**«, heißt es dann.

Eine Krankenschwester erzählt:

»Gern kommen Eltern zu uns, weil ihr Kind vor ein paar Stunden umgeknickt ist, sich den kleinen Zeh oder Finger gestoßen hat. Viele Ärzte röntgen dann – aber nicht, weil sie es für notwendig erachten, sondern weil sie Angst vor einer Klage haben. Mit ihrer Übervorsicht machen die Eltern auch das Personal verrückt. Einige bestehen sogar auf mehrere Röntgenbilder, was für kleine Kinder übrigens ungesund und schädigend sein kann. Einmal wollten Eltern, dass ihr Kind geröntgt wird, um eine Fraktur an der Wirbelsäule auszuschließen – weil das Kind gehustet hatte.«

Erschwerte Bedingungen

»Viele Eltern übertragen ihre eigene Angst auf ihr Kind. Wenn dieses dann schreit, uns tritt oder anspuckt, greifen sie jedoch nicht ein. Das ist doch verrückt.«

Dreist sind auch die Eltern, die **absichtlich spätabends oder nachts im Krankenhaus auftauchen** mit der Begründung, dass sie ja tagsüber arbeiten würden. Das sind dann auch diejenigen, die sich beschweren, wenn ihnen ein echter Notfall vorgezogen wird.

Eine Mutter erzählt:

»Meine jüngste Tochter hat leider eine schwere Form der Epilepsie. Einmal, da war sie ein halbes Jahr alt und krampfte akut, rannte ich mit ihr in die Notaufnahme. Der Arzt fing mich ab und wollte direkt mit uns auf die Station fahren. Eine andere Mutter mit einem offenbar gut gelaunten Kind versuchte jedoch, uns den Aufzug wegzuschnappen. Der Arzt bat sie, uns den Aufzug zu überlassen, da ein Notfall vorliege. Daraufhin meinte die Frau, ihr Kind müsse auch dringend auf Station, da sonst das Essen kalt würde. Der Arzt musste sie mit dem Hinweis aus dem Aufzug schmeißen, dass es hier um ein Leben gehe und nicht um warme Suppe.«

Übrigens gilt auch in Arztpraxen und Krankenhäusern: einmal Helikopter, immer Helikopter.

Ausstieg aus der Erziehung verpasst
»Ein Vater rief bei uns im Krankenhaus an und wollte für seinen Sohn einen Termin für eine diagnostische Abklärung vereinbaren. Auf meine Frage, wie alt der Sohn sei, antwortete er: ›Er wurde vor zwei Wochen 35.‹ Solche Anrufe kommen öfter vor, als man denkt.«

Ich bin 24 – und ich muss mal!
»Ich arbeite in einer sehr großen Notaufnahme. Eines Abends kam ein 24-jähriger Patient mit seiner Freundin und seiner Mutter zu uns ins Krankenhaus, weil er Schmerzen beim Urinieren hatte. Als wir ihn ins Untersuchungszimmer baten, kamen seine Freundin und seine Mutter wie selbstverständlich mit. Auf den Hinweis, dass wir ihren Sohn gleich an seinem Penis un-

tersuchen müssten und ob sie nicht draußen warten wolle, antwortete die Mutter, sie würde auf jeden Fall dabei sein. Schließlich wolle sie sehen, dass wir mit ihrem Jungen auch alles richtig machen, und für ihn da sein. Der Sohn nickte zustimmend. Dabei war es einfach nur ein Harnwegsinfekt, nichts, was einen 24-Jährigen auch nur annähernd in die Knie zwingt.«

Man bekommt den Verdacht, dass diese Sorte von Queen Mum noch aus dem Altenheim helikoptern wird. Lesen Sie im nächsten Kapitel von Eltern, die auch ihre **erwachsenen Kinder** nicht loslassen können.

Mama, steh mir bei!
Erwachsene mit Helikopter-Eltern

Vielleicht haben Sie bis zum vorangegangenen Kapitel gedacht: »Nun gut, die Kinder werden arg betüddelt, aber wenn die erwachsen werden, hört der Spuk schon auf.« Schließlich könnte man annehmen, dass sich Teenager irgendwann ihre Referate nicht mehr von Papi umschreiben lassen. Man hofft, dass sich Abiturienten aus eigenem Interesse für einen Studiengang bewerben. Und dass Azubis sich nicht zur Arbeitsstelle kutschieren lassen. Zum Glück ist das auch bei vielen so. Allerdings nicht bei allen. Es gibt Kind-Eltern-Symbiosen, die einfach kein Ende finden. Da sind Eltern, die ihre Kinder während der Einführungswoche der Uni zu allen Informationsveranstaltungen begleiten und noch das Bier bei der Erstiparty bezahlen. Da sind Väter, die sich beim CEO beschweren, dass der Sohn in der Ausbildung drei Wochen Schichtbetrieb durchlaufen muss. Und Mütter, die Soldaten den Kleidersack zum Bahnsteig tragen. Was diese übertriebene Fürsorge mit den Kindern macht, davon berichten am Ende dieses Kapitels einige Menschen, die unter ihren Helikopter-Eltern zu leiden hatten. »Ich war ein Gefangener meiner Eltern, und ich schämte mich«, berichtet ein Betroffener. Und eine junge Frau schrieb einen Brief an ihre Mutter, in dem sie diese darum bat, ihr nicht mehr ungefragt zu helfen. »Mein ganzes Leben hast du Dinge für mich erledigt, bevor ich auch nur versuchen konnte, sie selbst zu tun«, so die Studentin. »Ich möchte selbst probieren, mich zu bewerben, bevor du mir einen Praktikumsplatz besorgst. Das bin ich, wie ich erwachsen werde – und das ist doch etwas Gutes!« Recht hat sie.

Elterninvasion an der Uni

Klar, ein Studium ist ein Investment, für das viele Eltern viel Geld zahlen. Helikopter belassen es aber nicht bei regelmäßigen Nachfragen, wie es denn so läuft. Nein, sie nehmen die Entscheidungsfindung in Sachen Fachrichtung und Hochschule gleich selbst in die Hand. Für viele Unis sind deshalb **Eltern zur Zielgruppe** geworden, die umworben und auf sogenannten Elterntagen mit Informationen versorgt wird. Und Professoren und Studienberater berichten immer öfter von Studienanfängern, die von ihren Eltern wie unmündige Grundschüler behandelt werden. Dass eine Uni eine Veranstaltung für Erwachsene ist und unselbstständige Kinder dort nichts verloren haben, scheinen diese Eltern nicht mitbekommen zu haben.

Eine Mutter auf einem Infotag der TU Berlin:
»Vielleicht will meine Tochter hier studieren. Die hat aber heute den Kopf nicht frei, weil sie mitten im Abi steckt. Deshalb bin ich gekommen.«

Händchenhalten vor dem Dekan
»Ich organisiere die Einführungsveranstaltungen für Erstsemester. Wir bilden dabei immer mehrere Gruppen, um Dinge wie Studien- und Prüfungsordnung zu erklären. Zwei Frauen hatte ich für Studierende älteren Jahrgangs gehalten, das ist in der Sozialen Arbeit nicht ungewöhnlich. Bei der Vorstellungsrunde dann die Überraschung: Es sind zwei Mütter, die ihre Töchter begleiten. Ich bitte sie, den Raum zu verlassen, doch das führt zu einer langen Diskussion. Eine der Mütter droht damit, sich an den Dekan der Fakultät zu wenden. Ich warne den Dekan kurz vor, und er sagt, er freue sich sehr auf dieses Gespräch.«

Papi verhört den Prof
»Am Tag der offenen Tür stelle ich einen neu konzipierten Studiengang vor. Ein Vater steuert auf mich zu und berichtet, dass seine Tochter mitten im Abi stecke und beabsichtige zu studieren. Die junge Dame steht daneben und sagt nichts. Die Familie habe in

der Zeitung gelesen, dass es den neuen Studiengang gebe, der genau den Interessen der Tochter entspreche, so der Vater weiter. Die Tochter schweigt. Ich spreche sie daraufhin direkt an, ob ich ihr die Inhalte erklären solle; sie bejaht das. Mitten in meinen Erklärungen unterbricht mich der Vater: Er mache sich Sorgen wegen der Abi-Note, ob die denn reichen würde? Ich frage also die Tochter, mit welcher Abi-Note sie denn rechne. Der Vater antwortet sofort: 1,4. Ich bin sprachlos.«

Sei still! Mutti spricht mit den Großen!

»Eine Mutter besucht mit ihrem Sohn die Fachschaft. Stolz erzählt sie uns, dass ihr Sohn Informatik oder Mathematik studieren wolle. Sie sagt, dass sie schon bei der Mathematik ihre Fragen gestellt habe. Nach ihrer ersten Frage wende ich mich an den Sohn, was er denn gern wissen wolle. Doch die Mutter unterbricht ihn sofort: Wenn Erwachsene reden, solle er den Mund halten. Danach steht der Sohn still da, und die Mutter stellt weiter ihre Fragen.«

»Wann ist der Elternabend?«
Im Schlepptau durchs Studium

Eltern an Hochschulen sind leider nicht nur ein Phänomen des ersten Semesters. Die Helikopter lassen nämlich auch nicht locker, wenn sie ihre Kinder erfolgreich für den gewünschten Studiengang eingeschrieben und die Einführungsveranstaltungen besucht haben. Nein, von da an überwachen sie die Fortschritte im Studium – jederzeit zum Einschreiten bereit.

Noten sind Verhandlungssache
»Nach Semesterende klopft es an der Tür zum Labor. Eltern mit Sohn im Schlepptau fordern von mir als Kursassistent eine Erklärung, warum der junge Mann nur ein C, also eine 3, im Fortgeschrittenenkurs Embryologie bekommen hat. Glücklicherweise kann ich die Anfrage ganz regelkonform an den Professor weiterreichen.«

Papa-Anruf beim Prof
»Mein Mann ist Professor an einer technischen Hochschule. Mehr als einmal wurde er von Vätern der Studenten angerufen, die wissen wollten, wann denn der Elternabend stattfindet.«

Mit Anhang in die Sprechstunde
»Neulich erzählt mir ein Professor, dass in seiner

Sprechstunde Eltern zusammen mit ihren volljährigen Kindern sitzen, weil diese eine Matheklausur bei ihm nicht bestanden hatten.«

Ein Extraskript für Vati, bitte

»Nach meiner Mathevorlesung für Erstsemester bittet mich ein Student um ein PDF der Vorlesungsfolien, die ich allen Studierenden vorab als Ausdruck zur Verfügung stelle. Er brauche das Skript digital, sonst müsse er die Ausdrucke selbst einscannen, um sie zu verschicken. Sein Vater, ein Mathelehrer, möchte sie gern einsehen.«

Persönlicher Hiwi

»Ich bin Biologin und leite eine Umweltbildungseinrichtung. Ein Vater ruft an, der seiner Tochter beim Anlegen eines Pflanzenherbars helfen möchte. Er hat viele Fragen, die Aufgabe scheint ihm sehr wichtig zu sein. Dass Eltern oder Großeltern von Schülern die Pflanzen für die Kinder sammeln, bestimmen, pressen und aufkleben, kommt oft vor. Die Begründung ist dann meist, die Kinder hätten doch so viel anderes zu erledigen. Oft wird auch versucht, diese Arbeit komplett an unsere Einrichtung zu delegieren: ›Ich brauche für meinen Sohn 30 Blätter von unterschiedlichen Laubgehölzen, wann kann ich die abholen?‹ Im Laufe dieses Gesprächs stellt sich allerdings heraus, dass es sich bei der Tochter gar nicht um ein Schulkind handelt, sondern um eine Pharmaziestudentin.«

Elternbeschwerde an den CEO

Nicht nur angehende Akademiker haben Helikopter-Eltern, sondern auch junge Erwachsene in der Ausbildung und in der Phase des Berufsstarts. Und herrje! Sie meinen es zwar gut, doch sorgen diese Eltern oft für **mehr Schaden als Erfolg**. Wer am ersten Tag im neuen Job seinen Papi mitbringt, hat mitunter schon verloren – sowohl beim Chef als auch bei den neuen Kollegen.

Kurzer Prozess

»Als Abteilungsleiterin in der Elektronikindustrie suchte ich einen Projektmanager. Es bewarb sich ein junger Elektroingenieur mit ordentlichem Masterabschluss, den ich zum Vorstellungsgespräch einlud. Am vereinbarten Termin rief mich unsere Empfangssekretärin an, dass der Bewerber eingetroffen sei und ich ihn abholen könne. Im Foyer saß der Bewerber – mit seinem Vater, der davon ausging, dass er dem Vorstellungsgespräch beiwohnen könne, denn ›der Junge hat ja noch gar keine Ahnung, wie so etwas ablaufen muss‹. Ich habe an genau dieser Stelle das Gespräch und die Bewerbung abgesagt. Der Vater hat sich schriftlich beim CEO über mich beschwert, welcher heute noch über den Vorfall lacht.«

Stand by me

»Ein 21-jähriger junger Mann beginnt bei uns seine Ausbildung, es ist sein erster Tag. Nachdem ich ihn begrüßt habe, klingelt es, und seine Mutter steht vor der Tür mit der Bitte, eintreten zu dürfen. Ich bin so perplex, dass ich sie hereinlasse. Kaum hat sie Platz genommen, klingelt es wieder, diesmal ist es der Vater. Er entschuldigt sich wegen der Verspätung – die Parkplätze – und drängt auch ins Büro. Auf meine völlig hilflose Frage, was sie denn hier wollten, erklären die beiden, sie wollten ihren Sohn am ersten Arbeitstag unterstützen.«

Produktionsfehler

»Die Eltern eines neu eingestellten Jungakademikers kommen zum Werksleiter, um sich zu beschweren: Der Sohn, 25 Jahre alt, sollte in der Einarbeitungsphase für kurze Zeit die unterschiedlichen Produktionsprozesse im Schichtbetrieb miterleben. So wie alle anderen Managementmitarbeiter vor ihm. Das fanden die Eltern jedoch unzumutbar.«

Elterntaxi zum Praktikum

»Eine Berufspraktikantin wird jeden Morgen vom Vater gebracht und nachmittags wieder abgeholt. Allerdings holt er sie stets etwas zu früh ab, weil es für ihn auf

dem Weg liegt, doch bei uns ist noch nicht Feier-
abend. Außerdem bittet mich der Vater, während des
Praktikums seiner Tochter morgens eine Stunde früher
zu beginnen, weil das besser in seinen Tagesablauf
passt. Eine ihrer Aufgaben ist, von einem keine hun-
dert Meter entfernten Betrieb Blaupausen abzuholen.
Beim ersten Mal ist sie fassungslos, das allein machen
zu sollen – so ganz ohne Begleitung.«

Ausbildung mit Sahnehäubchen

»Als Küchenchef eines kleinen Landhotels in der Nähe
von Potsdam suche ich auch die Koch-Azubis aus. Es
stellen sich viele Jugendliche unter 18 Jahren vor, bei
denen natürlich die Eltern in den Bewerbungsprozess
eingebunden werden müssen. Bei diesen jungen
Bewerbern mache ich immer ein ›Schnupperwochen-
ende‹ in der Küche zur Bedingung, damit die künfti-
gen Azubis den Beruf besser beurteilen können. Ich
habe seitdem Diskussionen mit Eltern, die bei diesem
Schnuppertag mitkochen wollen. Andere rufen jede
Stunde an, um zu hören, wie es läuft. Eine Familie
wollte mich anzeigen, weil sich ihr Kind mit dem
Kartoffelschäler geschnitten hatte. Und es gab schon
Eltern, die von mir vertraglich garantiert haben wollten, dass ich dem Sohn, auch wenn er dann schon 18
ist, am Wochenende immer freigebe, damit der Fuß-
ballverein nicht vernachlässigt werde. Neuerdings
stelle ich nur noch Lehrlinge ein, die mindestens
20 Jahre alt sind.«

»Ich habe mich immer geschämt.«
Kinder von Heli-Eltern packen aus

Viele unserer Leser argumentieren, Überbehütung sei doch immer noch besser als Vernachlässigung. Helikopter-Eltern seien vielleicht etwas nervig für Pädagogen und Erzieher, richteten aber keinen Schaden an. Manchmal mag das auch stimmen, und Irren ist menschlich. Doch in extremen Fällen **leiden Kinder sehr unter ihren übergriffigen Eltern.** Sie bleiben nicht nur unselbstständig, sondern wachsen mit dem Gefühl auf, dass ihnen nichts zugetraut wird. Sie fühlen sich so kontrolliert, eingesperrt und bevormundet, dass einige von ihnen tiefe seelische Schäden davontragen. Einige Leser haben uns von ihrem Leid berichtet.

Papi muss mitspielen

»Mit 17 war ich das erste Mal unbeaufsichtigt bei Freundinnen zu Besuch. Davor hatte mein Vater zu viel Angst, dass die Eltern von Freunden oder Freundinnen mich sexuell missbrauchen könnten. Dies hatte zur Folge, dass ich in meiner Klasse sozial isoliert war, weil alle meinten, dass ich nicht zu ihnen nach Hause zum Spielen kommen will. Das Gegenteil war der Fall:

Ich wollte es sehr, habe mich aber geschämt, zu gestehen, dass eines meiner Elternteile mitkommen müsste. Nach und nach wurde ich nicht mehr eingeladen.«

Kein Fußweg allein

»Obwohl ich nahe an der Schule wohnte und der Nachhauseweg keine gefährlichen Fußgängerübergänge hatte oder dicht bewachsene Stellen barg, hinter die man ein Kind hätte zerren können, erlaubten meine Eltern es mir nicht, die sieben Minuten allein nach Hause zu gehen, bis ich 16 war. Bis zu diesem Alter habe ich mich nie allein draußen aufgehalten – und auch danach nur, weil ich es heimlich machte. Während dieser Eskapaden schwitzte ich mein T-Shirt nass vor Angst, dass meine Eltern das rausfinden könnten und was für eine Hölle dann zu Hause los wäre. Meine Eltern haben so viel achtgegeben, dass mir physisch nichts Schlimmes passiert – hatten aber kein Problem damit, mir tiefste seelische und emotionale Schäden dadurch zuzufügen, dass ich mich immer schämte, neidisch und wütend war. Die Qualen und der Neid, wenn ich sah, dass andere Kinder so viel mehr durften, während ich ein Gefangener meiner Eltern war, sind unbeschreiblich. Auch jetzt noch als junger Erwachsener haben meine Eltern mich sehr unter der Fuchtel, und ich leide unter ihnen. Jedoch nur noch so lange, bis ich nach dem Studium einen Job bekomme, der sehr, sehr weit weg ist, und ich finanziell unabhängig sein kann.«

Punktabzug in der Schule

»Während meiner Schulzeit hat meine Mutter Aufsätze und Referate von mir Korrektur gelesen und eigenständig umgeschrieben, weil ihr die Texte nicht gut genug waren. Von der Lehrerin wurde ich dann um eine Note runtergestuft, weil sie dieses Nacharbeiten meiner Mutter erkannte. Heute bin ich 55 Jahre alt und mehrfach in Psychotherapie gewesen, was meine Eltern auch verhindern wollten, weil: ›Was sollen denn unsere Freunde denken, wenn die mitkriegen, dass du in einer Klinik bist.‹«

Nur ihre Kontrolle zählte

»Als ich mit 16 Jahren Gitarrespielen lernen wollte, hat mir meine Mutter das Hobby verleidet. Sie überwachte mein Üben und redete auf mich ein, dass ich ohne ihr ständiges Antreiben nichts auf die Reihe brächte. Deshalb organisierte ich mir heimlich einen Gruppenkurs im Jugendhaus. Ich achtete darauf, dass meine Eltern nie meine Übungen hörten, meistens spielte ich außer Haus. Einerseits wollte ich mir die Peinlichkeit ersparen, dass meine Mutter ständig den Kursleiter anrief und über meine Fortschritte ausfragte. Andererseits genoss ich es, endlich etwas aus eigener Initiative zuwege zu bringen. Ich war stolz auf mich. Nach einem halben Jahr konnte ich einfache

Liedbegleitungen spielen und wollte meine Eltern am Weihnachtsabend damit überraschen. Ich holte meine Gitarre und sang ›Stille Nacht‹. Mein Vater, selbst musikalisch und Mitglied in einem Männerchor, freute sich und applaudierte mir. Nicht so meine Mutter. Sie war ungeheuer wütend, weil ich etwas ohne ihr Wissen und ohne ihre Kontrolle gemacht hatte. Dass ich Gitarre spielen konnte, zählte nicht. Nur die Tatsache, dass ich ihr etwas verheimlicht hatte. Sie bestand auf Bestrafung wegen impertinenten Verhaltens.«

Es scheint tatsächlich Eltern zu geben, die ihr Projektkind als Eigentum betrachten und wütend werden, wenn der junge Mensch anfängt, ein eigenständiges Leben zu führen. Auch eine deutsche Mutter, die mit ihrer Familie in den USA lebt, bevormundete ihre Tochter jahrelang, optimierte deren Leben und half überall, noch bevor sie darum gebeten wurde. Erst als die Tochter zum Studium in eine andere Stadt zog, schaffte es die 22-Jährige, ihre **Mutter in einer E-Mail darum zu bitten, sie selbstständiger werden zu lassen**. »Ich war eine Helikopter-Mutter – bis ich diesen Brief von meiner Tochter bekam«, sagt die Frau heute und bat um Veröffentlichung, damit andere vielleicht daraus lernen könnten. Hier ist ein Auszug:

»Mama,
bitte hör mir gut zu, denn ich werde noch verrückt, weil ich nicht weiß, wie ich es Dir sagen soll, ohne gemein zu klingen oder Deine Gefühle zu verletzen.

Das ist nicht meine Absicht, aber ich möchte auch nichts beschönigen, also sag ich es jetzt: Hör auf, mir zu helfen.

Ich frage Dich fast nie um Hilfe, aber Du machst es einfach. Mein ganzes Leben lang hast Du Dinge für mich getan, bevor ich sie selbst probieren konnte. Als ich hier ans College kam, musste mir meine Mitbewohnerin erst einmal zeigen, wie man Wäsche wäscht. Okay, ich war nicht die Einzige, die das nicht konnte, und ich habe im Keller immer noch ein bisschen Angst, aber trotzdem. Ich mag es, wenn ich Dinge allein hinkriege. Deshalb hasse ich es auch, wenn Du meinen Lebenslauf von Dutzenden von Leuten umschreiben lässt. Ich weiß, dass Du ihn Deinen Kollegen zeigst, weil sie intelligent und toll ausgebildet sind. Aber Mama, das bin ich auch! Ich hatte ein Seminar über Bewerbungsgespräche und Lebensläufe und bekam die Bestnote. Und im Abschlussjahr habe ich den Fortgeschrittenenkurs ›Business Communication Skills‹ belegt und bekam auch die Bestnote. Aber Du glaubst nicht daran, dass ich gut bin. Das behauptest Du zwar dauernd, doch Du stellst alle meine Fähigkeiten infrage und rufst lieber Deine professionellen Freunde an, bevor ich es wenigstens einmal selbst versuchen kann. Vielleicht zweifelst Du auch gar nicht an mir, aber hast so große Angst, ich könnte scheitern, dass Du mir jedes Problem aus dem Weg räumst. Aber ich habe keine Angst zu scheitern. Man muss auch mal scheitern, um erfolgreich sein zu können.

Deshalb werde ich jetzt nicht diese Frau anrufen, die Du mir empfohlen hast. Und das Praktikum ... Ich weiß, es ist eine tolle Chance, aber Du hast das mit M. gedeichselt, also bekomme ich den Praktikumsplatz nicht aufgrund meiner eigenen Leistung, oder?

Bitte denk nicht, Du wärst eine schlechte Mutter. Du bist eine tolle Mutter und ziemlich cool und ich liebe Dich, aber ich wünsche mir, dass Du mit dem Helfen aufhörst. Es reicht, wenn Du einfach da bist, und ich werde kommen und um Hilfe bitten, wenn ich sie brauche, aber zuerst muss ich Dinge allein versuchen. Wenn ich jetzt wie ein schlechter Mensch wirke, tut es mir leid, aber das bin einfach ich, wie ich erwachsen werde, und das ist doch etwas Gutes!

Gute Nacht, ich liebe Dich!«

Schlusswort: Keine Angst!

Wer sich mit Helikopter-Eltern beschäftigt, lernt auch etwas über Angst. Über die Angst, dass dem Kind etwas zustoßen könnte. Und über die Befürchtung, als Eltern Dinge nicht perfekt zu machen und dass das Kind in Folge versagt. Über die Angst vor dem sozialen Hinterherhinken oder gar Abstieg.

In Erziehungsfragen aber raten Psychologen, mutiger zu werden. »Haben Sie keine Angst«, sagt der Psychologe Holger Schlageter, der auch ein Buch über Helikopter-Eltern geschrieben hat. Mütter und Väter wollen demnach heute alles perfekt machen, sie versuchen für ihre Elternleistung die Schulnote 1+ zu bekommen. Das ist anstrengend – für die Eltern, die Kinder und alle anderen Beteiligten. Und: Es ist häufig gar nicht zielführend.

Für Schlageter besteht die wichtigste Elternaufgabe vielmehr lediglich darin, sich auf eine gute Eltern-Kind-Beziehung zu konzentrieren. Das heiße jedoch nicht, alles zu ermöglichen, alles zu kaufen, immer anwesend zu sein, alles aufs Kind auszurichten, es überall hinzufahren. »Überversorgung ist in der Psychologie genauso schlecht wie Vernachlässigung«, sagt Schlageter, »nicht die 1+ sollte deshalb das Ziel sein, sondern die 4+, ein ›Ausreichend plus‹.«

Ähnlich sieht das auch der berühmte dänische Familien-
therapeut Jesper Juul. Er sagt, dass Kinder, die zu behütet
aufwachsen und allzeit vor Frust, Schmerz und Traurigkeit
bewahrt werden, später keine Empathie und keine Frustrationstoleranz entwickeln können – weil sie diese Gefühle
selbst nicht kennengelernt haben. Diese Kinder geben beim
kleinsten Hindernis auf. Deshalb, so Juul, brauchten Kinder
keinesfalls perfekte Eltern; viel besser sei es, wenn Eltern
alles gerade gut genug machten.

Wir wünschen uns, dass Eltern wieder etwas beherzter
werden – sodass ihre Kinder Mut, Widerstandskraft und
Freiheit nicht nur aus der Pippi-Langstrumpf-Lektüre kennen.

So schrieb uns auch ein Leser: »Danke für Eure Texte
über Helikopter-Eltern, ich liebe sie einfach! Mögen sie als
mahnendes Beispiel für Eltern dienen, die niemals so werden wollen.«

Danksagung

Wir danken den Leserinnen und Lesern von SPIEGEL ON-LINE für zahlreiche E-Mails mit Anekdoten und Kommentaren sowie allen Eltern, Erziehern, Lehrern, Ärzten und Trainern, die uns in persönlichen Gesprächen von ihrem Alltag im Kinder-Kosmos berichtet haben. Außerdem danken wir Stan, Marcin und Adam.

Lena Greiner
Carola Padtberg

Verschieben Sie die Deutscharbeit – mein Sohn hat Geburtstag!

Von Helikopter-Eltern und
Premium-Kids

Taschenbuch.
Auch als E-Book erhältlich.
www.ulstein-buchverlage.de

Hilfe, Helikopter-Eltern!

Von Dinkel-Zwang bis Noten-Klage: Helikopter-Eltern
kreisen von früh bis spät über ihren Kindern. Sie sind
ängstlich, ehrgeizig – und vor allem immer zur Stelle.
Hebammen, Erzieher, Lehrer, Ärzte, Trainer und Professoren sowie Hunderte SPIEGEL ONLINE-Leser haben
nun endlich ausgepackt: Sie erzählen, was sie mit übermotivierten Eltern vom Geburtsvorbereitungskurs bis
zur Uni erlebt haben. Herausgekommen ist eine Real-
satire, die viele zum Lachen, aber einige auch zum Verzweifeln bringt.

ullstein

Lena Greiner /
Carola Padtberg-Kruse

Nenne drei Nadelbäume: Tanne, Fichte, Oberkiefer

Die witzigsten
Schülerantworten

Taschenbuch.
Auch als E-Book erhältlich.
www.ullstein-taschenbuch.de

Genial daneben!

Wenn Lothar Matthäus die Bibel übersetzt hat, waren Deutschlands Schüler mal wieder besonders kreativ. SPIEGEL ONLINE hat Lehrer dazu aufgerufen, die skurrilsten Stilblüten und Fehler aus Prüfungen, Klausuren und Unterrichtsstunden zu verraten und Hunderte von Einsendungen erhalten. Die besten davon sind in diesem Buch versammelt: Witzig, absurd und manchmal zum Verzweifeln – denn wer nichts weiß, kann alles raten.

ullstein